西郷隆盛は なぜ 犬を 連れているのか

西郷どん愛犬史

仁科邦男

草思社

カバー写真提供　ユニフォトプレス

はじめに――戦い終わって犬三匹

明治十年（一八七七年）九月二十四日、西郷隆盛は鹿児島・城山《しろやま》で自刃《じじん》し、七カ月に及んだ西南戦争は終わった。数え五十一歳、満で四十九歳八カ月の人生だった。

戦争のため編成された政府軍四つの旅団と別働旅団は二十七日に解団し、従軍した将校、兵士たちは鹿児島から船に乗って、それぞれの原隊所在地に戻って行った。

三十日、神戸に着いた船には近衛《このえ》兵に連れられた犬が三匹乗せられていた。戦地で捕獲された西郷の愛犬だった。大阪の新聞が次のように報じている。

西郷隆盛が常に愛せし犬三疋《びき》を、一昨日神戸に着《ちゃく》されし近衛兵が率《ひき》いて帰られしが、一疋の犬は褐色《かっしょく》にして頗《すこぶ》る大きく、その余の二疋は黒毛《くろげ》にして小さく、皆和犬《わけん》にてありしと見て来た人の咄《はなし》。（十月三日、浪花《なにわ》新聞）

去《さる》三十日汽船にて西京《さいきょう》（京都）へ通行の近衛隊内に、西郷隆盛が常に愛せし犬三頭を戦地に於《お》いて分捕《ぶんどり》せし由牽《よりひき》連れられたりと云《いう》。其一疋は栗毛、至《いたっ》て巨大なりしと、其他二疋は黒犬《くろいぬ》にて、尤《もっとも》洋銀の鎖を以《もっ》て之を繋《つな》ぎ有《あり》し由《よし》。（十月三日、大坂日報）

西南戦争が始まる十日前、明治天皇が臨幸《りんこう》して二月五日に京都─神戸間の鉄道開通式が行われている。政府は開戦に備えて着々と兵站《へいたん》輸送、電信網の整備を進めていた。西南戦争終結後、神戸に着いた近衛兵は鉄道で京都に向かった。この新聞記事は大阪で下車した大阪鎮台《ちんだい》関係者に取材して書かれたと考えていいだろう。新聞で報じられた三匹の犬がどこで捕獲されたのか不明だが、西郷は戦地に犬を連れて行ったのである。まさかと思うが、事実なのだ。

近衛隊が西郷の犬を戦利品として捕獲したのは歴史の皮肉だった。近衛隊の前身は御親兵《ごしんぺい》といって、天皇の身辺、皇居警護をするのが任務で、その創設者が西郷だった。当時、日本最強の国軍で、明治六年十月、征韓論争に敗れて下野《げや》するまで、西郷は近衛隊のトップである近衛都督《ととく》を務めていた。隊の主力は薩摩、長州、土佐の士族が占めていたが、西郷の後を追って数百人の隊員が鹿児島に帰り、政府は欠員を他県の士族で補充せざるを得なかった。そうして再編された近衛兵が薩軍（薩摩軍）と戦い、西郷の犬を連れて帰った。

薩軍は二月十五日に第一陣が熊本に向かって出陣し、西郷は十七日に出発した。総勢約一万三千人の大部隊だった。

西南戦争は日本史上、最大で最後の内戦だった。日本人同士が戦い、血を流し合い、薩軍、政府軍合わせて一万三千六百二十七人が戦死した。最悪の内戦だった。

薩軍は鹿児島士族を主力とし、宮崎、熊本などの諸隊士を含め、最終的には約三万人が参戦し、六千七百八十四人が戦死した。(『南洲神社・墓地由緒』)

薩軍戦死者の出身府県別内訳——

鹿児島県	五千百九十五人
宮崎県	千三十八人
熊本県	三百七十三人
福岡県	百四人
大分県	六十人
山口県	六人
佐賀県、山形県	各二人

京都府、埼玉県、山梨県、秋田県各一人

政府軍は約六万人を動員し、六千八百四十三人が戦死した。(参謀本部編『征西戦記稿附録』)

政府軍戦死者の内訳——

将校・下士官《かしかん》ほか	千二百八人

兵卒ほか　四千四百七十九人
県吏・人民　三百二十二人
警視庁警部　百十一人
警視庁巡査　七百二十三人

政府軍戦死者の六五％を兵卒が占めた。明治六年（一八七三年）に布告された徴兵令により、抽選で当たり、否応なしに召集された一般人、中でも農民出身の兵卒が多くを占めた。士族の兵隊で占められた薩軍は、徴兵された兵卒を「百姓の兵隊」と呼んで馬鹿にした。

戦争が始まるとすぐさま東京、大阪で西南戦争の錦絵が制作され、売り出された。絵が主体の戦争速報だ。そもそも錦絵の作者は、西郷がどんな顔をしているのかさえ知らず、かまわずにそれらしい絵を描いた。西郷は生前、写真を撮らなかったから、世間に顔が知られていなかった。それでも西郷がいないと錦絵が売れないから、絵師は想像で西郷を描いた。顔はあごひげあり、口ひげあり、両方あり、いろいろである。西郷は馬に乗らなかったのに、馬上の陸軍大将西郷隆盛を好き勝手に描いた。それなのに数百種類作られたという錦絵の中に、犬連れ出陣した西郷の姿を描いたものを見つけ出すことができない。絵師たちもまさか西郷が犬を連れていたとは思わなかったのである。

西郷が犬を連れていたのは、護身のためでも軍事目的のためでもなかった。兎《うさぎ》狩りをするためだった。多くの人間が血を流している中で、何を思って西郷は犬連れ兎狩りを続けていたのだろうか。

西南戦争は不思議な戦争である。鹿児島には守備兵も残さず、陸路を大挙して進んで行った。薩摩には軍艦もない。兵は威風堂々進軍し、邪魔するものがあればなぎ倒す。それだけが戦略だった。

西郷はたぐいまれな愛犬家だった。上野公園の西郷隆盛銅像は兎狩りに使うわなを腰に下げ、右手に犬を引き連れて悠然《ゆうぜん》と歩いている。西郷は兎狩りを心底から楽しみにしていた。無名の人々との接点をそこに求めていた。ところが、西郷が名声を手にするにつれ、犬連れ兎狩りは政治的な意味を持ち始める。西郷はこれからどう動くのか、動かないのか、政府要人と不平士族の関心はそこに集まる。西郷もそれを意識しながら、犬連れ兎狩りを続けていた。

わかりにくいその胸の内を西郷の愛犬史を通して少しでも鮮明にしてみたい。愛犬家は自分が命を捨てるかもしれない戦場に犬を連れて行ったりはしないものだ。西郷にとって西南戦争は「戦争」ではなかったのである。しかし、現実に起きていることは戦争だった。その矛盾の中を西郷は突っ走ってしまった。

これから、西郷が犬とともに歩んできた道をたどってみようと思う。

西郷隆盛はなぜ犬を連れているのか

西郷どん愛犬史

目次

はじめに
戦い終わって犬三匹……3
鹿児島地図 18
南九州と南方の島々 19

第一章
犬と生きる喜びを知った
奄美大島時代……21

1 藩の圧政に心痛める 22
幕府の追及を恐れ「けとう人の島」へ 22
薩摩藩の資金源――奄美の黒砂糖 25

2　犬連れ猟で気晴らし　29
猪狩りで失敗続き　29
歓喜の桜田門外の変　34
3　犬との生活　36
奄美の犬たちの食料　37
アマミノクロウサギ狩り　40
犬を連れて、いざ鹿児島へ　43
第二章　犬と成した幕末維新　47
1　貧しかった西郷家　48
犬二匹と二百両の借金　48
西郷家の財産事情　50

2 坂本龍馬は犬を見たか 53
龍馬と犬と、西郷邸の雨漏り 53
京都西郷邸の犬と、寺田屋事件の犬 57
龍馬夫妻、西郷の狩り場に新婚旅行 59
3 犬連れの京都、祇園 64
西郷はなぜ大久保を狩りに誘ったか 64
祇園の茶屋に連れて行ったのは、蘭犬「寅」か 67
西郷をもてなした名妓は「君竜」か「君尾」か 72
4 戊辰戦争期の西郷と犬 74
「度量が狭い」か「太っ腹」か、食い違う西郷評 74
戊辰戦争をよそに鹿児島で長湯治 78
坊主頭で犬連れ温泉旅行 81
廃仏毀釈したらどうなるか、犬連れで下調査 84

第三章　明治初年、犬と狩りと温泉ざんまい……87

1　日当山温泉に家族旅行　88
奄美に残してきた菊次郎と菊子を引き取る　88
家族、親類、犬たちと大温泉旅行　91

2　犬連れの狩人、西郷隆盛　95
狩りを通じて庶民にとけ込む　95
優秀な猟犬が欲しくてたまらない　99

3　犬に食わせるための鰻の蒲焼　103
仰天の高額紙幣を黙って置いていく　103
児孫のために美田を買わず　108

第四章　官職を辞し、故郷で犬との日々……113

1　兎狩りと温泉ざんまい　114
征韓論争から身を引き、下野　114
犬十三匹と鰻温泉　117
犬連れ温泉の旅、三カ月　120

2　私学校設立　123
私学校と農地開墾　123
宮崎の白鳥温泉への旅　127

3　庄内からの来訪者　129
庄内の菅実秀ら西郷を訪ねる　129
庄内一行、桐野利秋と兎狩り　135

4 士族騒乱をよそに兎狩り 138
神風連、秋月、萩の乱 138
西郷の胸中、「天下驚くべきの事を」 140
騒ぎを避けて、犬と小根占へ 142
警視庁中警部、鹿児島に潜入 146
火薬庫襲撃事件 152
愛犬を率い、小根占を立つ 156

第五章 犬連れの西南戦争 …… 163

1 葉巻をくゆらし余裕の出陣 164
出陣の時、犬はいたか 164
磯邸前で旧藩主に敬礼 169
想定外だった熊本での戦闘 174

2 犬連れ西郷の目撃者たち 179
官位剥奪の使者と兎狩り 179
西南戦争は「戦争」ではなかった 185
熊本籠城戦と犬猫 190
熊本撤退、人吉で兎狩り 192
3 犬連れ撤退 197
犬連れで人吉を去る 197
宮崎の亀松少年と犬連れ兎狩り 199
犬を連れ、北へ北へと撤退 201
司馬遼太郎が語る犬連れ西郷 205
4 ついに「戦争」が始まった 208
陸軍大将の軍服を焼き、犬三匹を放つ 208
城山の最期と犬たちのその後 213

第六章

狩りを始めた明治天皇 ―西郷への追憶―

狩りを始めた明治天皇 ―西郷への追憶― …… 219

1 西郷自刃の衝撃 220
西南戦争直前の京都行幸 220
赤坂仮皇居で兎狩り 222

2 西郷への追憶と兎狩り 225
庭で犬を飼う喜びを知る 225
多摩で本格的な兎狩り 229
憲法発布、賊徒の汚名除かれる 234

第七章 西郷と犬、銅像になる……237

1 なぜ犬連れ像になったのか 238
建設地、上野に決まる 238
犬連れ像を推した榎本武揚 241
西郷像の身なりの発案者は大山巌 243

2 顔は似ているか 247
キヨソーネの肖像画への評価 247
「こげな人じゃなかった」発言の解釈 250
犬のモデルになった仁礼景範の愛犬サワ 256

終章　文明開化の果てに
――絶滅した薩摩犬 …… 263

おわりに　271
「西郷隆盛と犬」の略年表　274
引用図書・史料一覧　283

246、252、269ページの上野の西郷隆盛銅像の写真はユニフォトプレス提供

鹿児島地図（地名は本書に出てくるものなど）

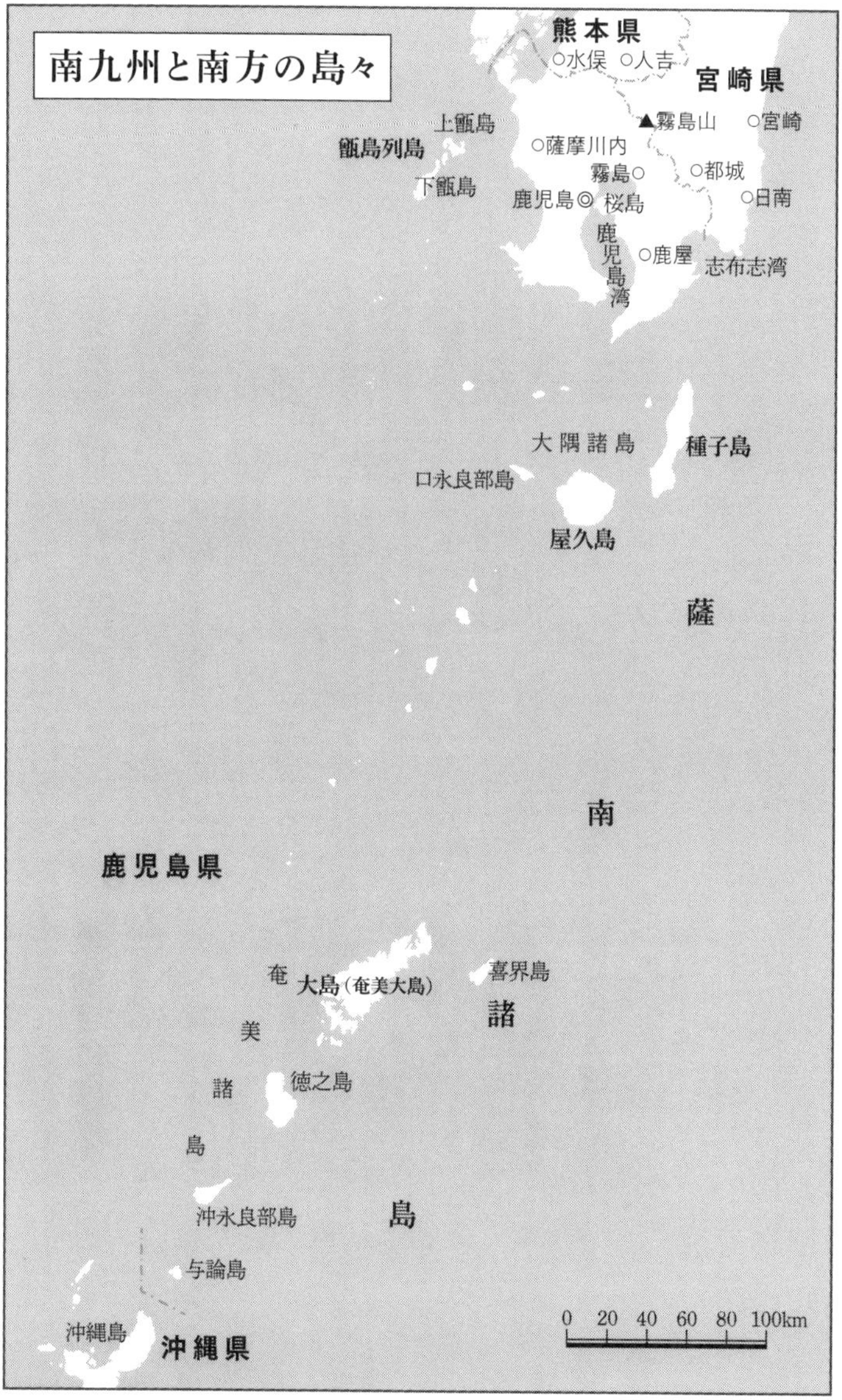
熊本県
水俣
人吉
宮崎県
上甑島
甑島列島
霧島山
宮崎
薩摩川内
霧島
都城
下甑島
鹿児島
桜島
日南
鹿児島湾
鹿屋
志布志湾
大隅諸島
種子島
口永良部島
屋久島
薩南諸島
鹿児島県
奄美諸島
大島（奄美大島）
喜界島
徳之島
沖永良部島
与論島
沖縄島
沖縄県
0 20 40 60 80 100km
南九州と南方の島々

西郷隆盛ほか薩軍兵士たちが眠る南洲墓地　筆者撮影

第一章

犬と生きる喜びを知った奄美大島時代

1　藩の圧政に心痛める

●幕府の追及を恐れ「けとう人の島」へ

西郷はいつごろから犬好きになったのだろうか。子供の時から好きだったに違いないが、安政六年（一八五九年）一月から三年間、藩の命令により奄美大島で遠島《えんとう》生活を送ったことが西郷の犬好きに大きな影響を与えたように思う。

開国を進めた井伊大老の時代、尊王攘夷派は激しく弾圧された。西郷は近衛家の依頼で京都清水寺成就院《きよみずでらじょうじゅいん》住職の勤王僧・月照《げっしょう》をかくまうため鹿児島に連れてきたが、藩は日向《ひゅうが》追放を命じる。追放とはひそかに殺せというのに等しい。進退窮した西郷は月照を抱きかかえ、日向行きの舟の上から錦江湾《きんこうわん》（鹿児島湾）に身を投じ、月照だけが死亡し、西郷は命をとりとめた。幕府の追及を恐れた薩摩藩は西郷を奄美に隠した。六石の扶持《ふち》がついたから、罪人扱いではなかったが、島送りであることには変わりなかった。

西郷三十三歳。菊池源吾《きくちげんご》と名を変えて奄美大島での流謫《るたく》生活が始まった。大島龍郷村《たつごうそん》の民家空き家に入ったものの、島の者はなかなか近づかず、話す相手もいない。水汲み、炊事も自分でやらなければならなかった。島には放し飼いの犬がたくさんいた。島で最初に西郷を温かく迎えてくれたのはどこにでもいる犬たちだっただろう。狩りが好きだった西郷は奄美で四、五匹の犬を飼った。鹿児島に帰る時は犬を連れて帰っている。犬とともにいる喜びを西郷は奄美大島の生活で知ったように思われる。

国事に奔走することを生きがいにしてきた西郷には島での生活は苦痛でしかなかった。島に来て一カ月後、鹿児島の税所喜三左衛門《さいしょきさざえもん》（篤《あつし》）、大久保正助《しょうすけ》（利通《としみち》）に宛てた手紙には、奄美での生活への不満がさまざまに述べられている。

「着島《ちゃくとう》三十日になりましたが、晴天と申すものはなく、雨がちです。一体雨が激しいところではありますが、誠にひどいものです」

「島のよめじょ（嫁女）たちうつくしき事、京、大坂などがかなう（匹敵する）くらいです。垢《あか》のけしょ（化粧）一寸ばかり、手の甲より先はぐみ（はづき、針突、入れ墨）をいれ、あらよう」島の女は京・大坂並みに美しいと皮肉り、垢で化粧しているというのだから、相当馬鹿にしている。最後の「あらよう」はお囃子《はやし》の合いの手だ。

「島人の子、三人ほど、是非というので預かりましたが、皆十歳ばかりで何の役にもたちません」

「誠に、けとう（毛唐）人には困っています。ハブ性（ハブみたいな性質）で、（じっと物陰から）食い取ろうと見ております」

「鉛（鉄砲玉の原料）お送り下され、大変に有り難い。うつうつとしておりますので、ただ独り鉄砲打ちなどしております。この間、小鳥狙いの狩りに誘われましたが、まことに難しく、雲を見るばかりでした」

ずいぶん屈折している。西郷は島人を「けとう人」とさげすんで見ている。話し相手もなく、鬱々《うつうつ》としているところに「重野《しげの》が参り、三日いた」という。重野安繹《やすつぐ》は西郷と同い年で、やはり罪を得て奄美大島に流されていた。重野が江戸藩邸で書生の監督をしていた時、生意気でケチな書生がいたので、困らせてやろうと通帳の金を勝手に引き出し、その男が何か言い出すのを待っていたが、書生は「金を盗まれた」と藩の重役に直接訴え出てしまった。そこで裁きを受けることになり、悪ければ切腹かという時、西郷が「一時の冗談ではないか」と取りなしてくれて奄美遠島に決まった。そのことを恩義に感じていた重野は、奄美でも西南のはずれの阿木名《あぎな》から、直線距離で約四十キロ離れた東北の寒村龍郷に西郷を訪ねて来た。旧友との語らいは西郷のせめてもの慰めになった。

島人の暮らしぶりはひどかったが、それよりもっとひどいものがあることに西郷は気づいた。薩摩藩による圧政、搾取だった。この時の手紙には「どこにおいても苛政《かせい》（ひどい政治）が行われていること、苦慮しております。島の現状は耐えがたいほどです」と書かれている。

島の特産品である黒糖《こくとう》（黒砂糖）が苛政を生む原因だった。藩は強制的にサトウキビを栽培させ、その利益を島民に還元しないで、ひたすら藩に吸い上げた。島民はサトウキビを口にしただけで罰せられた。「苛政は虎よりも猛《もう》なり（ひどい）」（『礼記《らいき》』）。孔子がいう通りだった。

その昔、中国泰山《たいざん》近くの村で婦人が泣いていた。孔子の弟子が尋ねると、かつて舅《しゅうと》が虎に食われ、それから夫が食われ、今度は子も食われてしまったという。「なぜここを去らないのですか」。婦人が答えた。「苛政がないからです」。奄美の島民は島外に移り住むことができず、苛政から逃げる場所すらなかった。

●薩摩藩の資金源――奄美の黒砂糖

そもそも奄美貧困の原因は島津家歴代の借金にあった。その額は西郷を登用した島津斉彬《なりあきら》の曽祖父・重豪《しげひで》の時代にふくらんだ。重豪は蘭学を好み、動植物を研究し、多額の費用を投じて内外の物産を集め、「蘭癖《らんぺき》大名」と呼ばれた。西郷が生まれる前年、文政九年（一八二六年）、重豪八十二歳の時、江戸に来たシーボルトを訪ね鳥の剝製《はくせい》の作り方を教えてもらうほどだった。娘・茂姫《しげひめ》は将軍・家斉《いえなり》に嫁ぎ、息子たちは中津藩奥平《おくだいら》家、丸岡藩有馬家、福岡藩黒田家、八戸藩南部家の養子となり、藩主となった。その交際費は莫大《ばくだい》だった。幕府に命じられた木曽川の改修工事で背負った借金も二十二万両あった。藩財政は火の車だった。

安永六年（一七七七年）、重豪は大島、喜界島《きかいじま》、徳之島の三島《さんとう》で、島民による砂糖の売買を禁止し、藩による砂糖の総買入れを始めた。利益を独占しようというのだ。田畑山野までサトウキビ畑となり、キビ畑にならないわずかな土地で島民は自給用のサツマイモや麦を作った。飢《き》饉《きん》の時はソテツで飢えをしのいだ。ソテツの実や幹から取り出したでんぷんを天日で干し、水にさらして毒抜きし、粥《かゆ》や団子にして食べた。

重豪の浪費癖は止まらず、藩の借金は増え続け、調所広郷《ずしょひろさと》を登用して財政改革を進めた。調所は京都・大坂・江戸の商人からの借金（大名貸し）のうち、古証文五百万両を無利子二百五十年払いに変えさせることに成功した。「もう十分儲けたのだから、あとの支払いは二百五十年分割でいいだろう」ということだ。大名貸しの商人からすれば、棄捐令《きえん》でも出されて、借金を棒引きにされるよりはましだった。

調所の財政再建計画の柱となったのが三島砂糖専売による増収だった。島民からさらに搾取する仕組みを作った。金銭による物品の取引は禁止され、島民は藩が決めた砂糖の割り当て分を安値で納めさせられ、島民の取り分（余計糖）もすべて藩に納入させられ、金銭はもらえず「羽書《はがき》」と呼ばれる証書を渡された。米、茶、酒、木綿をはじめ島民が必要とする日用品は船で鹿児島から三島に持ち込まれ、「羽書」と交換させた。要するに、安値の黒糖（黒砂糖）を高値の日用品と物々交換させ、藩は二重に搾取した。黒糖と米の交換比率は、おおむね黒糖一斤《きん》（約六〇〇グラム）につき米三合程度だったが、米と換えた黒糖は大坂に運ばれ、島民から買い取った価格の四、五倍で売った。

西郷を登用した島津斉彬は、殖産興業、富国強兵に力を入れ、その分、多額の金を使った。その資金源は砂糖専売による利益だった。西郷はそのことは知っていたに違いないが、「苛政」の現実は知らなかった。武士にとって主君の決めたことは絶対である。わずかな批判も許されない。奄美時代の西郷にできることはせいぜい威張り散らし、私腹を肥やす薩摩の小役人を叱るくらいのことだった。傍若無人《ぼうじゃくぶじん》の小役人中村某に鉄拳を加え、懲《こ》らしめたこともある。

サトウキビの出来、不出来にかかわらず、藩の砂糖割り当て量は変わらなかった。不作の時は島民が黒糖を隠しているのではないか、疑いをかけ、拷問《ごうもん》までした。

西郷は島民に代わって薩摩藩在番役の相良《さがら》角兵衛に「見積額は予定に過ぎない。不作でも厳しく取り立てるのはおかしい」と忠告したが、相良は「製糖のことに口を出すな」と突っぱねた。「そうであるかも知れぬが、これは君公（藩主）の体面に関することだ。この顛末《てんまつ》を上申する。後日、後悔することになる」。西郷は憤然として去った。その後、相良は詫びを入れ改善を約束し、西郷は上申を取りやめた。（『南洲翁謫所逸話《なんしゅうおうたくしょ》』）

その後の奄美諸島での砂糖問題について簡単に記しておこう。

元治元年（一八六四年）三月、鹿児島に戻った西郷は三島《さんとう》（奄美大島、喜界島、徳之島）でのサトウキビ栽培、黒糖買上げの改善策について藩庁に上申書を提出した。「厳しい取り立てをやめ、島民にゆとりを持たせればかえって利益が増える」というのがその趣旨だったが、搾取される現状は変わらなかった。

明治四年十二月、県庁高官だった桂四郎《かつらしろう》（久武《ひさたけ》）宛の手紙で、砂糖専売制廃止後、商社を作り一手売買し、その利益を士族救済にあてる計画案に同意している。その一方で、島津久光側近の市来四郎《いちきしろう》を「山師」と呼び、この件で利益を得ようと暗躍していると注意を促した。

明治六年三月、大蔵省は従来の上納分以外の砂糖の自由売買を認めたが、県庁はこれを島民に布達しなかった。新たに組織された大島商社は、事情を知らされていない島民と契約を結び、藩政時代よりもさらに暴利をむさぼった。

同六月、西郷は沖永良部《おきのえらぶ》島の土持政照《つちもちまさてる》から大島商社の横暴ぶりについて相談を受け、大蔵省租税担当の松方正義《まつかたまさよし》（薩摩出身、のち総理大臣）に「今も藩政時代と砂糖交易の仕組みが変わらない。これでは先行き不都合が生じる」と改善を求める書簡を送った。

大島商社と島民の契約期限は明治十一年までだったが、明治十年、解約を求める奄美大島の島民五十五人が県庁に陳情に向かい、全員が投獄された。西南戦争が始まる前「出陣を希望する者は申し出ろ」と通告があり、三十五名が牢を出され従軍した。大島出身の戦死者は六人、消息不明者が十四人だった。（文英吉『奄美大島物語』）

一方、県庁陳情で全員が投獄されても動かなかった西郷を批判する人も多い。「何故西郷が大島商社設立に関して、そして明治十年の陳情団に対してこのような態度をとったのか、それまでの西郷の奄美大島の人びとへの人道的、正義派的行動と比較するならば全く不可解としか言いようがない」（木原三郎『愛加那記《あいかなき》』）。こういう批判が出て当然だろう。西郷という人は弱い者いじめが大嫌いである。しかし、その一方で私欲に走る人間も大嫌いなのだ。貧しくても欲を言わず、こつこつと働く者が好きなのだ。利を求める商業も工業も好きではなかった。西郷は島民の動きに私欲を感じていたのではないだろうか。税に絡む問題に関して彼は保守的な人間だった。

2　犬連れ猟で気晴らし

●猪狩りで失敗続き

国事のために生きてきた西郷にとって、国事と関わりのない奄美大島での生活はほとんど意味のないものだった。時間はゆっくり流れていくが、西郷にはやることがない。

西郷のいる龍郷村から代官所のある名瀬《なぜ》までは山道を越え、二十キロ以上歩かなければならない。島に来て三カ月、名瀬の代官・吉田七郎に宛てた手紙には「私が流罪人ではないことを村人にお達ししていただきたい。がまんできかねることが多々ありますが、やっとがまんしております」「龍郷はとても居られるような所ではありません。場所替えお願い申し上げます」と述べられている。

島に来て五カ月、大久保正助ほか三名に宛てた手紙には「ここのけとう人との交わりには大変難儀しています。気持ち悪く、ただ残りの人生を恨んでいる次第です」とある。

ハブのように西郷の様子をじろじろうかがう島民の視線が腹に据えかねた。

島に来て十カ月、突然転機がやってきた。龍郷村の有力者である龍《りゅう》一族の娘、愛加那《あいかな》を妻にするよう勧められ、西郷も気に入って娶《めと》った。西郷三十三歳、愛加那二十三歳。島妻である。藩に届けを出して認められた結婚ではないので、法的には妾《めかけ》扱いになる。


昭和二年九月二十四日、鹿児島で西郷隆盛没後五十年祭が盛大に行われた。これに先立ち、鹿児島県教育会は全県下の小学校を通じて、県民が見聞きした素顔の西郷について聞き取り調査を実施した。調査結果は十年後、鹿児島に陸軍大将西郷隆盛銅像が建立された時、県教育会から『南洲翁逸話』と題して出版された。龍郷小学校の報告書には、奄美で西郷がやっていたこととして「小鳥撃ち、鰻《うなぎ》釣り、射的、猪狩り、魚釣り、イカ釣り、相撲」を挙げ、「犬は四、五匹飼っておられた」と書いている。

相撲は体格がよかった龍郷村の牧甚応喜《まきじんおき》とよく取った。後年、牧が鹿児島に出て来た時、武村《たけむら》の西郷邸の庭でも相撲を取った。名瀬であった相撲大会に出たこともある。

相撲を除けば、やっていたことはほとんどが猟だった。イカ釣りには魚に似せて木を削った手製の疑似餌を使った。そのやり方は島民から教わった。

宮勇気《みやゆうき》という六十何歳かになる島人が西郷を猪狩りに連れて行った。犬を使って猪を追う勢《せ》

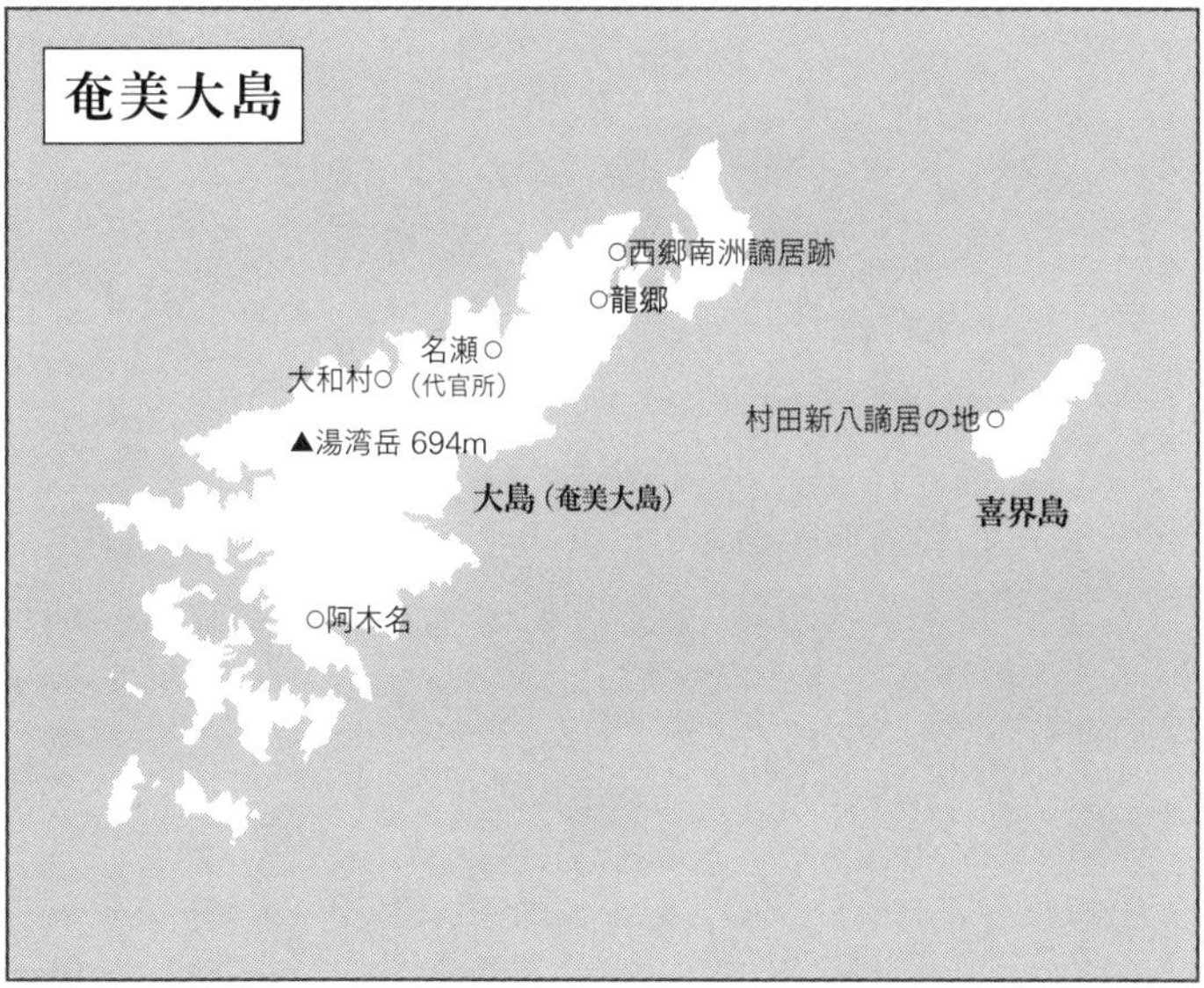
奄美大島
○西郷南洲謫居跡
○龍郷
名瀬○
（代官所）
大和村○
▲湯湾岳 694m
大島（奄美大島）
村田新八謫居の地○
喜界島
○阿木名

『南島雑話』 島人山猟之図　　島人が猪を追い立てている。猪は倭《やまと》(本土)に比べてやや小型。「五年たった猪が倭の三年くらいの大きさ」と『南島雑話』に記されている。猪と並んで描かれているのは放し飼いのヤギだろう。鉄砲をかついだ猟師が猟犬に餌をやろうとしている。『南島雑話』には「(犬は)村中の余食を盗み食う」と記されているが、狩りの場合には別に餌を用意していたことがわかる。　奄美市立奄美博物館蔵

子《こ》と、猪の逃げ道に待ち構えて鉄砲で仕留める待子《まちこ》に分かれて猟をする。猟師はどこに猪が出てきそうかよく知っている。宮は西郷に好《よ》い場所を与えて待ち伏せさせた。ほどなく犬の声がして西郷の前に猪が飛び出してきたが、狙いを定める間もなく猪は逸走《いっそう》してしまった。宮は怒って、西郷をなじった。

翌日また猟に行き、西郷は同じ失敗をした。宮は大声を出して怒った。

「もういい場所は与えません」

それから数日してまた猟に出かけた時、西郷は宮にお願いした。

「すでに二回、大猪を逃してしまった。面目ない。だが、できたらもう一回、好位置を与えてほしい」

そして三回目。西郷は銃を構え、猪に向けて発射したが、また逃がした。島の人たちは遊びで猟をしているのではない。サトウキビ畑を守り、食料を確保するため、生活をかけてやっている。宮は激怒して、西郷をさらになじった。西郷はまた謝った。

「面目ない。この償いを何とかしたい。豚を一匹買うのでそれで許してもらえまいか」

西郷と宮はその日、快飲快食し、仲直りした。(『西郷隆盛謫居《たっきょ》事記』)

ある時、待子をしていた西郷の前に犬に追われて大猪が逃げてきた。

「こらー、太《ふと》か猪じゃわい」

西郷が見とれているうちに猪が逃げてしまった。

夜も猪狩りをやったが、島民と違って西郷は夜目《よめ》がきかず、獲物を仕留められなかったという。（龍郷村岩崎茂の調査報告＝以下、出典が記されていない調査報告、談話類は『南洲翁逸話』による）

南西諸島に生息する猪（リュウキュウイノシシ）は本土のものに比べるとやや小さく、気性も激しくないが、それでもサトウキビ畑を荒らす大敵に変わりはなかった。猪狩りは島中で行われていた。

●歓喜の桜田門外の変

大老井伊直弼《なおすけ》が江戸城の桜田門外で、水戸藩士（浪士）十七人と薩摩藩士（浪士）一人に襲撃されたのは安政七年（万延元年、一八六〇年）三月三日だった。奄美の西郷に井伊暗殺が伝えられたのは一カ月以上たってからだった。

その日、西郷はいつものように朝早く鳥撃ちに出かけ、夕方、獲物を腰にぶら下げて家に帰って来た。この時、犬も一緒だったはずだ。撃ち落とした鳥を回収するには犬の助けが必要になる。やぶの中に落下した鳥は犬がいないとなかなか見つからない。水鳥の場合も犬がいないと回収が難しい。

西郷が家に帰ると村人が待っていた。近くに住む美《み》玉新行《たましんぎょう》だった。その日、鹿児島から飛脚船が到着し、西郷宛の手紙を美玉が持参した。読み終わると、西郷は刀を抜いて裸足で庭に飛び降り、切り声を発して、庭先の大きな松の木の枝を数回斬り払った。その様子を見た美玉は「狂ったな」と思って逃げ出してしまった。

　西郷はそれから土足を洗い、喜んだ様子で室内に入り、愛加那に命じて「すぐに酒と肴を調えよ」といった。愛加那が理由を聞くと「汝《なんじ》らの知るべきことではない。佐民《さみん》（家主）を呼んできなさい」といった。女は家を守っていればよい、余計なことに口出しをするなという時代だった。すぐに龍《りゅう》佐民がやって来た。翁《おう》がいった。

「井伊掃部頭《かもんのかみ》が殺害された。なんと愉快なことか。さあ酒を飲もう」

　喜色満面で翁は快飲した。（『西郷隆盛謫居事記』『南洲翁逸話』）

　井伊の首級《しゅきゅう》を挙げたのは薩摩を脱藩した有村次左衛門《ありむらじざえもん》。直情径行の男で、西郷はその短慮を危ぶんでいたが、今度の一件は西郷にとって称えようのない快挙だった。もともと薩摩と水戸を結びつけるために奔走したのが西郷だった。島津斉彬に従って江戸に出た時、薩摩藩士の樺《かば》山三円《やまさんえん》、有村俊斎《ありむらしゅんさい》（次左衛門の兄。後の海江田信義《かいえだのぶよし》）とともに藤田東湖《ふじたとうこ》ら水戸藩士と交わった。

　水戸藩は尊王攘夷運動の震源地である。さらにその根源をたどれば徳川光圀《みつくに》の大義名分論にたどり着く。光圀が企画した『大日本史』編纂《へんさん》は、正しい皇統の歴史・名分を世に明らかにすることが大きな目的だった。光圀によれば、徳川幕府の政権でさえ天朝《てんちょう》からの預かりものにすぎなかった。江戸後期、水戸の尊王論は攘夷論と結びつく。その中心人物が水戸の烈公《れっこう》・徳川斉昭《なりあき》だった。斉昭は開国に反対し、大老の井伊と対立する。

十三代将軍家定《いえさだ》には子供がいなかった。正室の篤姫《あつひめ》（篤子）は島津家一門に生まれ、島津斉彬の養女となり、鹿児島から江戸に出た。安政三年に公家の名門・近衛家の養女となり、将軍家に輿《こし》入れした。

安政五年、井伊直弼が大老になる。将軍家定の跡継ぎ問題が生じた時、島津斉彬は水戸家出身の一橋慶喜《ひとつばしよしのぶ》（烈公の七男、十五代将軍）の擁立に動き、西郷もそのために働いたが、政争に敗れ、井伊が推す紀州家の徳川慶福《よしとみ》（家茂《いえもち》）が世子《せし》（跡継ぎ）となった。幕府の実権は井伊が掌握し、勅許《ちょっきょ》がないまま日米修好通商条約が結ばれ、尊王攘夷派は弾圧された。西郷は近衛家に頼まれ、幕府に追われる勤王僧・月照の逃亡を助け、その結果、西郷も奄美大島での生活を余儀なくされた。

西郷にとって当面の敵が井伊だった。その井伊が殺されてうれしくないはずがない。西郷は家主の龍佐民を呼んで酒を酌み交わしたが、島妻の愛加那は複雑な気持ちだったに違いない。西郷はいずれ島を去っていく男である。その日が近づいてきたことを愛加那は感じていた。島の女は島外に出てはいけないというのが薩摩藩の法だった。

3　犬との生活

西郷には年六石の扶持米が与えられていたが、島民の貧しさを見かねて扶持米を人にやってしまうこともよくあった。島には米と味噌と醬油が圧倒的に不足していた。西郷の暮らしは楽ではなかった。おそらく大久保が藩と交渉したのだろう、井伊暗殺後、西郷の扶持米が十二石に増えた。

●奄美の犬たちの食料

奄美時代の西郷が犬とどのような暮らしをしていたのか、具体的なことがよくわからない。身の回りにいる犬のことは史料に残らないのが普通だ。その不足分を補ってくれる記録を書き残してくれた薩摩藩士がいる。嘉永三年（一八五〇年）、薩摩藩で起きたお家騒動（お由羅《ゆら》騒動）で罪を得て奄美大島に流罪となった名越左源太《なごやさげんた》である。

当時の藩主斉興《なりおき》は嫡子《ちゃくし》斉彬に家督を譲らず、斉彬派と斉興側室お由羅の子・久光派が対立して大騒動に発展した。斉彬派の名越左源太は久光暗殺計画に関与したと断罪され、遠島処分を受けた。名越は西郷のように鬱々とした島生活を送らず、島人と深く交わった。遠島二年目、藩から島の海岸防備図の作成を命じられて絵図の作成に取り掛かり、同時に奄美の自然、文化、民俗などを記録し、赦免《しゃめん》後を含め五年間滞在して『南島雑話』をまとめた。この中に奄美での人と犬の関わり方、暮らし方が記されている。

犬は宍《しし》（猪）狩り用にあまた飼い置くなり。格別大きくなく、小さくなし。毛色あまたあれども虎毛を見ず。狩人は犬を十疋も飼えども賄《まかな》うこと更になし（餌をやらない）。ただ村中の余食を盗み食うて露命《ろめい》をつなぐ。よって年凶《としきょう》し（飢饉の時）、余食の求めを得ざれば、飢えて腹減り、骨出《いで》、十疋のもの二疋は死す。

狩人は犬を十四も飼いながら餌をやらないという。残飯、虫、海辺の漂着物、動物の死体何でも食う。飢饉の時はあばら骨が浮き出てやせ細り、十四中二匹は死んでしまう。

愛犬家の西郷は犬の餌をどうしていただろうか。さすがに島では大変貴重な米の飯を犬にやるわけにはいかなかっただろう。魚のアラ、鳥のガラ、こういうものを食わせていたように思うが、それだけではなかった。

『南島雑話』には、犬の生活史を知るうえで非常に大切なことが書かれている。これから先の話は汚いといわずに、そういう時代もあったのだと思って読んでいただけると有り難い。奄美の犬たちは人糞を食べていたのである。

また犬の賞翫《しょうがん》するもの、第一に人糞なり。童子（子供）の大便、犬を呼んで食わするなり。呼ぶ声ワエ〳〵〳〵と云《い》えば、たちまち来て賞味し、童子糞穴もその犬嘗《な》めて始末をよくす。（略）我等式も（我らのやり方で）雪隠《せっちん》に用事すれば、犬数疋来て待合、用事すめば犬入《いり》てその糞を争う声、暫時《ざんじ》止《や》まぬ。嫌えども禦《ふせ》ぐべからず。憎めども力に及ばず。糞を食する事苦《にが》しき（不快な）ものなり。

子供の大便は犬に声をかけて食べさせてやり、お尻を拭く手伝いまでさせてしまう。大人が便所に行けば、犬が待ち構えて終わるのを待っている。島の犬がいくら西郷を歓迎してくれたとしても、その様子を見たら、この島にはいたくないと思っておかしくないだろう。しかし、考え方を変えれば究極の共生関係といえるかもしれない。

犬が人糞を食うのは奄美に限ったことではない。中国、朝鮮、東南アジアその他、どこでもあったことだ。犬に人糞を食わせ、その犬を普通に食用にしていたところもある。

明治時代、仏典研究のためチベットに潜入した僧侶河口慧海《かわぐちえかい》は「排便中に犬がわーっと集まって来て、終わった時にはなくなっていた」と『チベット旅行記』に書いている。ただし仏教国チベットでは犬は食わない。

奄美では豚も人糞で育てた。これも東アジアでは普通のことだった。豚は厠《かわや》のそばで飼うものだった。

西郷はこういう島の生活にだんだん慣れていった。小舟でイカ釣りに行って、トイレ代わりに使った容器を海水でさっと洗い、その中にさばいたイカを入れて平気で食べた。島人でさえ、そんなことはしなかった。（龍郷村岩崎茂の調査報告）

愛加那の弟と小舟で釣りに出た時も、便器代わりに使った容器に魚の刺身を入れて平気で食

べた。刺身を勧められた弟は腹が痛いといって断った。(奄美大島浦上小学校の調査報告)

こういう逸話が残っていることから考えると、西郷の犬もほかの島の犬と同じ生活をしていたことだろう。

●アマミノクロウサギ狩り

奄美で狩りといえば、まず第一に猪狩りだった。猪はサトウキビ畑を荒らす島民の敵だった。島にはツキノワグマもニホンザルもキツネもタヌキもいない。明治になって動物学者の渡瀬庄三郎《わたせしょうざぶろう》が鹿児島県トカラ列島の悪石島《あくせきじま》と小宝島《こだからじま》の間に動物地理学上の国境線(渡瀬線)を引いた。この線より南の島々では生息する哺乳類が少なく、その代わりにハブがいた。現在の奄美大島にはイタチやマングースが生息しているが、これはハブ退治のため持ち込まれたもので本来の島の動物ではない。しかも今現在、ハブ退治にはほとんど役に立っていない。

奄美にはもう一種類狩りの対象となる哺乳類がいた。大島兎である。現在はアマミノクロウサギと名を変えて、国の特別天然記念物に指定されている。

「大島兎は耳短くして倭《やまと》の兎に稍《やや》異なり猫に似る」

「味、倭に同《おなじ》。少し味薄しとも云《いう》」(『南島雑話』)

アマミノクロウサギは夜行性で、昼間は島の傾斜地の巣穴の中でじっとしている。ナキウサギの仲間で、暗くなると巣穴を出てピーピー鳴き交わし、ススキなどの草を食べる。サトウキビもかじる。足の爪は鋭く長く、後脚は短い。私もアマミノクロウサギの写真を撮りに行ったことがあるが、長い爪を使って急傾斜の崖を素早く逃げていく。崖を上るには後ろ脚は短い方が都合がいい。

アマミノクロウサギはノウサギと違って耳が短い。奄美の昔話では、ハブ退治があることをハブに教えたために罰として耳を切られたのだという。ハブは天敵だが、ハブがいることで人による乱獲から守られている。

耳が短いところは猫と似ているが、『南島雑話』がいうほど猫に似ているとは思えない。猫とは歩き方がまったく違う。猫はスタスタ歩くが、クロウサギは後脚を蹴ってピョンピョン歩く。暗闇でライトを当てると、猫と同じように両目が光って見える。

西郷は昼間だけでなく、夜も狩りに出かけているが、夜行性の大島兎も獲物にしていたと思われる。アマミノクロウサギの主な生息地は島の中央部、湯湾岳《ゆわんだけ》（奄美の最高峰六九四メートル）の山麓だが、西郷が住む島の北東部の龍郷村一帯にも数は少ないが生息している。

『愛加那記』によれば、西郷は湯湾岳にも登っている。大和村《やまとそん》にもよく行く家があったという。大和村は現在もクロウサギの生息密度が高い地域だ。西郷が大島兎の狩りをしないはずがない。

クロウサギは夜採食に出る時、ピーピー鳴くから居場所を見つけやすい。本土での兎狩りと同じように複数の犬を放ち、追い立てれば捕獲することはそう難しくない。ただハブがいるので、それが問題だったと思われる。今でもクロウサギは野犬や野良猫の被害に遭っている。

アマミノクロウサギ　名越左源太『南島逸話』では「大島兎」として記されている。兎には「ヲサギ」と仮名が振ってある。奄美大島では「ウサギ」ではなく「ヲサギ」と呼んでいた。「○兎《ヲサギ》　大島兎ハ耳短クシテ　倭《やまと》ノ兎ニ稍異《ややことな》リ似猫《ねこににる》　本文委記《くわしくしるす》」と書かれている。本文には「○兎《ヲサギ》　ウサギ　大和の兎より(耳)短く如猫《ねこのごとし》　朽木《くちき》に穴を掘る　味倭に同《おなじ》　少し味薄しともいう　形図に出す」とある。　奄美市立奄美博物館蔵

アマミノクロウサギ　写真提供：奄美市立奄美博物館

●犬を連れて、いざ鹿児島へ

桜田門外の変が起きる四日前、西郷は大久保ほか宛に早期復帰を願望する手紙を書いている。

「幕府へ阿従《あじゅう》の姿を以《も》って（おもねるふりをして）、本道の御忠略、願い奉ります」

本道とは勤王の道である。忠義を尽くすため作戦を練ってほしいというのだ。

「この一年の間、豚同様に暮らしておりましたので、姿を変えて走り出たく、一日三秋《さんしゅう》の思いでお呼び返されることを待っております」

「ただただ京師《けいし》（京都）の方、伏し拝み、なおさら（志を）忘れぬようにしております」

しかし井伊暗殺後も、鹿児島から召喚状は来なかった。

八カ月がたった。万延元年十一月七日、堀仲左衛門《ほりちゅうざえもん》、大久保正助宛書簡――

「ただただ（召喚状を載せた）早船を待っております。水老公《すいろうこう》（水戸藩徳川斉昭）ご逝去、実に天下のために悲痛のことです。徳川家の治世の運命は終わりに近づいております。もはや乱になることは間違いないでしょう」

同じ日の税所喜三左衛門宛の手紙には「当分は猟の方に昼夜励んで、悶鬱《もんうつ》を消し凌《しの》いで、大元気でおりますので、少しもご心配なされませんように」と書いている。

暗殺から一年がたった。召喚状はまだ来ない。

文久元年（一八六一年）三月四日、税所・大久保宛書簡――

「昨日は斬姦《ざんかん》の一回忌なので、早天《そうてん》より焼酎を飲み、終日酔っておりました。私の一件、とても今年中には召し帰されることも難しく、あきらめております」

この年の一月、息子菊次郎が誕生した。

「尚々《なおなお》、不埒《ふらち》の次第にて正月二日、男子を設けました。お笑いください」と手紙にある。

文久元年十一月、いつまでも鹿児島に戻ることのできない西郷は愛加那のために家を新築した。皮肉なことに引っ越し祝いをした翌日、鹿児島から召喚状が届いた。

翌年一月、西郷三十六歳、愛加那二十六歳、菊次郎二歳（満一歳）。西郷は建てたばかりの家と田一反を愛加那に与え、奄美大島を去った。この時、愛加那は長女を身ごもっていた。

西郷は犬を連れて鹿児島行きの船に乗った。一匹だけでは狩りに使いにくいので、二匹はいたのではないか。

船は途中、風待ちのため口永良部島《くちのえらぶじま》に二、三日停泊した。西郷は枕崎《まくらざき》から迎えに来た楫子《かこ》（楫取《かじと》り）の中釜《なかがま》二次郎と上陸し、犬を連れて山遊びをしたが、道に迷い、二次郎が木に登って帰る方向を見定めたという。（枕崎小学校の調査報告）

鹿児島に帰って四カ月後、今度は徳之島に送られた。島津久光の指示通りに従わず、自分の判断で京都に行ったことが久光の怒りをかった。久光は斉彬派の西郷を嫌い、西郷もまた久光を嫌っていた。

文久二年（一八六二年）八月二十六日、愛加那が菊次郎満一歳八カ月と菊子（菊草《きくそう》）満一カ月を連れて徳之島の西郷を訪ねて来た。菊次郎を膝に乗せ、菊子は抱きかかえて西郷は喜んだ。そのまま一緒に暮らすつもりだったかもしれない。ところが同じ日、西郷を罪人として沖永良《おきのえら》部《ぶ》に島送りする命令書が飛脚船で届いた。命令書を持った在番の役人は喜びに浸る西郷の様子を見ていったん屋敷を去ったが、意を決して戻り、玄関口で西郷の名を大声で呼ばわった。命令書を見た西郷は「命だけはお助け下さるる様子でござんすな、誠に有難いことでござんす」といった。愛加那は悲泣絶倒《ひきゅうぜっとう》した。（『西郷隆盛謫居事記』）

二日後、愛加那親子は奄美へ帰った。

沖永良部では初めは牢屋に入れられたが、島役人・土持政照の好意で座敷牢に移った。奄美大島、徳之島、沖永良部島、三つの島での流謫《るたく》生活は西郷の人生観に大きな影響を与えた。徳之島から奄美大島の木場伝内《こばでんない》に送った手紙には「馬鹿らしき忠義立てをすることはやめました」とまで書いている。この島での生活がなかったら、西郷の「敬天愛人《けいてんあいじん》」は中身のない空虚な言葉になってしまっただろう。

沖永良部島には一年七カ月いた。西郷は座敷牢にいたから、そばに犬はいない。

元治元年（一八六四年）二月二十一日、吉井友実《よしいともざね》、弟の西郷信吾《しんご》らが藩の汽船に乗り、西郷を召還しに来た。「兄さん」と信吾が話しかけると、西郷は「よー来たか」といったきり、涙を流した。二十三日、奄美大島龍郷に寄り、愛加那親子と再会し、三泊した。愛加那とはこれが永遠の別れとなった。二十六日、龍郷を立ち、同じ罪で喜界島に流されていた村田新八《むらたしんぱち》を西郷の独断で鹿児島に連れ帰った。その後、村田は宮内大丞《くないだいじょう》となり、岩倉具視《ともみ》、大久保利通らの欧米視察団に加わったが、西郷下野後は鹿児島に戻った。西郷が喜界島に立ち寄り、まだ赦免されていない自分を助け出してくれた時、西郷と一生を共にすることを決めたのだという。城山で戦死。四十二歳だった。

第二章

犬と成した幕末維新

1　貧しかった西郷家

●犬二匹と二百両の借金

文久二年（一八六二年）二月、西郷三十六歳。奄美大島の流謫生活を終えて鹿児島に帰った時、上之園《うえのその》の留守宅には使用人を含め六人が住んでいた。お祖母《ばあ》さん（西郷の妹の嫁ぎ先の祖母）、弟吉二郎《きじろう》（のち北越戦争で戦死）、信吾《しんご》（西郷従道《じゅうどう》、のち海軍大将）、小兵衛《こへえ》（西南戦争で戦死）、権爺《ごんじい》という七十過ぎの老僕、女中イソの六人だった。（イソ＝吉原スエ松八十二歳、昭和初年の回顧談）

家は貧しかった。お祖母さんは薄暗い行燈《あんどん》の明かりの下で木綿を織り、権爺が木綿糸を紡《つむ》いだ。奄美の西郷から「ふんどしと襦袢《じゅばん》を送ってくれ」と連絡があった時、権爺は「それなら古いふんどしと襦袢を送ってほしい。それでないとやれない」と返事をした。ふんどしと襦袢をすぐ送れないほど貧しかったのだ。西郷からは「ふんどしも襦袢も人にやった。今は何も持たない。裸でいる」と返事があり、権爺もやっと送る気になった。

留守宅に犬は二匹いた。西郷の弟たちは食料を確保するためよく兎狩りに出かけた。女中のイソはいつも大きな握り飯を二つずつ持たせてやったという。（川辺《かわなべ》郡西南方《にしみなかた》村長・長井直恵の調査）

奄美大島から西郷が留守宅に帰って来た時のことを、隣に住んでいた樺山資常《すけつね》が語っている。

「今日は兄が大島から帰りますので、おじさんも来てくれませんか」と弟の信吾が誘いに来た。親族、近所の人が集まり、西郷が無事帰宅の挨拶をしたのち、みんなで鍋を囲んだ。座敷の中央に鶏肉を入れた大鍋があり、出席者分の箸だけが用意してあった。貧乏だったから人数分の膳椀がなかった。それでも樺山の祖父瀬左衛門《せざえもん》は「貧乏はしていたけれど客には肉ばかりを出した。立派なものだ」と語った。(伊作町《いざくちょう》教育会の調査報告)

西郷家は祖父の代には四十七石の知行地《ちぎょうち》があったが、父の代には四十一石に減り、そのうえ多額の借金があった。

弘化四年(一八四七年)十二月、父西郷九郎《くろう》(吉兵衛《きちべえ》)と長男隆盛は、薩摩郡水引《みずひき》村(薩摩川内《せんだい》市)の豪農、板垣与右衛門《よえもん》を訪ね、借金を申し入れ、百両借りた。父九郎四十二歳、隆盛二十一歳。隆盛はすでに藩の郡方書役助《こおりかたかきやくすけ》(農政書記)として出仕していた。父の借金は嫡子である隆盛が受け継ぐことになるので板垣家へ同行したのである。

父は九郎隆盛《たかもり》と称し、晩年、吉兵衛と改名した。

長男隆盛は幼名小吉《こきち》、元服して吉之介隆永《きちのすけたかなが》を名乗る。その後、善兵衛《ぜんべえ》、吉兵衛《きちべえ》、三助《さんすけ》、大島《おおしま》吉之助《きちのすけ》、吉之助《きちのすけ》と改名する。王政復古の時、吉井友実が誤って宮中での書類に西郷隆盛と書いたため、そのまま父の名（諱《いみな》）である隆盛を使用した。

翌年一月、板垣与右衛門の息子休右衛門《きゅうえもん》が鹿児島・下加治屋町《したかじやまち》（現加治屋町《かじやちょう》）山之口馬場《やまのくちばば》の西郷家を訪れ、さらに百両持って来てくれた。おそらく西郷家としては二百両貸してほしいと頼んだが、すぐに全額用意できず、残りを息子が持参したのだろう。この借金は明治維新後に返却した。

嘉永五年（一八五二年）、西郷二十六歳の時、伊集院須賀《いじゅういんすが》と結婚した。この年、父吉兵衛（九郎）が亡くなり、隆盛（吉之介）は借金と一緒に家督を継いだ。

嘉永七年（一八五四年）、藩主島津斉彬に従い、江戸詰めとなった。鹿児島の留守宅には須賀のほか、次男の吉二郎、次女のたか（鷹）、三女のやす（安）、三男の信吾、四男の小兵衛と使用人、合わせて九人が住んでいたが、あまりの生活の厳しさに須賀は実家に呼び戻され、西郷は「申し訳なかった」といって離縁を申し出た。とにかく生活が苦しかったようだ。

「私の祖父は南洲翁（隆盛）の隣に住んでいた。西郷家は貧乏していたため、西郷の父親は竹の皮の笠作りを内職にしていた。私の祖父も作り方を教えてもらい、自家用の笠を作っていた」（樺山資常談、伊作町教育会の調査報告）

●西郷家の財産事情

西郷家の財政状況をもう少し詳しく見てみよう。

西郷は文政十年（一八二七年）十二月七日、鹿児島城下、甲突川《こうつき》のほとり下加治屋町山之口馬場の屋敷で生まれた。敷地は二百五十九坪半あった。かなり広い。

安政二年（一八五五年）にこの屋敷を売却している。転居先は甲突川の対岸、上之園町の借家だった。屋敷を売却したうえに、この年、さらに藩の製薬方から四十両借り、知行地の一部を抵当に入れている。

西郷は文久二年（一八六二年）六月に徳之島、同七月に沖永良部島に遠島処分になり、知行地、家財が没収されたが、その時すでに西郷家には財産と呼べるほどのものは残っていなかった。四十一石あった知行地は売却済み、または抵当入りしていた。

◇知行地　高四十一石五斗五升八合一勺六才

一　高八石　末吉岩崎村《すえよしいわさきむら》→文久二年三月、売却ずみ

一　高五石　谷山上福元村《たにやまかみふくもとむら》→同

一　高五石九升九合八勺三才　伊集院下神殿村《いじゅういんしもこうどのむら》→同

一　高九斗五升八合三勺三才　伊集院大田《おおた》村《むら》仕明抱地《しあけかかえち》→同

一　高十七石五斗　伊集院寺脇村《てらわきむら》→同七月、知行没収（製薬方抵当）

一　高五石　日当山西光寺村《ひなたやまさいこうじむら》→同

◇西別府村《にしのべら（にしべっぷ）むら》　永作地（通称西郷野屋敷《のやしき》）畑、雑木林借地→抵当入り

（『西郷家万留』より作成）

鹿児島郊外の西別府村に田畑と雑木林を持っていた。嘉永五年（一八五二年）に小松五十三本と雑木三百十三本を売り払った記録がある。ここを開墾して芋や麦を作り、暮らしの助けにしていた。西郷家の借金がどのようにしてできたのか、その理由ははっきりしないが、祖父、父の代に作られた借金を西郷が抱え込んでしまったようだ。

慶応元年（元治二年、一八六五年）一月末、西郷は岩山八郎太《いわやまはちろうた》の娘イト（糸子）と結婚した。西郷三十九歳、イト二十三歳だった。西郷は奄美に島妻愛加那二十九歳、息子菊次郎五歳、娘菊子四歳がいる。もちろんそのことを知っていて、周りが藩の要人になった西郷に世帯を持つように勧めた。

イトは再婚だったが、この時代とくに珍しいことではない。新婚とはいっても相変わらずの上之園の借家住まいで、次男の吉二郎一家四人、三男信吾、四男小兵衛、それに下僕が同居していた。結婚した時点で犬が何匹飼われていたか、史料上確認できないが、三年前、西郷が奄美大島から連れ帰った犬、当時留守宅に飼われていた二匹の犬がまだ生きているという前提で、これから先の話を進めていきたい。

イトが西郷と結婚したということは、西郷の犬と暮らすということでもある。イトは犬に餌をやったり、遊んでやったり、毛をすいてやったりしなかったのか、そういうことがわかるといいのだが、まったくわからない。それは下僕のやる仕事だったかもしれない。

2　坂本龍馬は犬を見たか

●龍馬と犬と、西郷邸の雨漏り

イトと結婚したころ、西郷の胸の内にはすでに薩長連合の構想があったと思われる。結婚の十カ月前、元治元年（一八六四年）三月に軍賦役《ぐんぶやく》（軍司令官）として京都に着任した。七月十九日、禁門の変が起きる。尊王攘夷を掲げる急進派の長州兵が京都で挙兵し、御所を警備する会津・桑名藩兵と戦端を開いた。西郷は薩摩藩兵を率いて援軍に駆け付け、長州兵を敗退に追い込んだ。戦いを指揮した西郷の名は一躍有名になった。

その日、勝海舟と坂本龍馬を乗せた幕府汽船・観光丸は、神戸の海軍操練所に停泊していた。夜、はるか遠く京都の方の空が赤くなった。「戦争だ」。海舟はすぐさま観光丸の汽缶《きかん》（機関）に点火して船を大坂に回航し、さらに淀川を上った。船上から敗れた長州兵が刺し違える姿が見えた。この戦いで、京都市街も戦場となり、焼失家屋は二万八千戸を超えた。

八月、坂本は西郷と会おうと思い立ち、勝の紹介状を持って京都の薩摩藩邸に行った。ところが戻って来ても坂本から勝に何の報告もない。二、三日待って、勝はたまりかね「西郷はどうだ」と聞いた。坂本が答えた。

「西郷は馬鹿である。しかし、その馬鹿の幅がどれほど大きいかわからない。小さく叩《たた》けば小さく鳴り、大きく叩けば大きく鳴る」

勝はただうなずくばかりだった。(『維新土佐勤王史』)

明治になって勝は、この時のことを次のように語っている。

「坂本龍馬が、かつておれに、先生しばしば西郷の人物を賞せられるから、拙者も行って会って来るにより、添書《そえがき》をくれといったから、早速書いてやったが、その後、坂本が薩摩(藩邸)からかえって来て言うには、成程西郷という奴は、わからぬ奴だ。少しく叩けば少しく響き、大きく叩けば大きく響く。もし馬鹿なら大きな馬鹿で、利口なら大きな利口だろうといったが、坂本もなか〳〵鑑識のある奴だヨ。西郷に及ぶことが出来ないのは、その大胆識と大誠意とにあるのだ」(『氷川清話』)

幕府神戸海軍操練所の寄宿寮には、二百人ほどの諸藩士が集まっていた。幕府からにらまれていた長州藩士も混ざっていたが、勝は気にしなかった。「外国商館から観光丸水夫の防寒用毛布を購入しているが、あれは浪士をかくまうためだ」と密告する者がいて、元治元年十一月、勝は軍艦奉行を罷免《ひめん》された。勝は土佐脱藩浪士・龍馬の身を案じ、薩摩藩家老・小松帯刀《たてわき》にかくまってほしいと依頼した。元治二年（一八六五年）三月、神戸海軍操練所は廃止された。

薩摩藩の胡蝶丸《こちょうまる》に乗り、海上生活をしていた坂本は、四月、久しぶりに京都に出て薩摩藩邸に滞在した。このころ西郷も京都にいた。坂本が嵐山に花見に行った帰り道、抜き身の槍を抱え、二列になって歩いて来る会津藩士と出合った。坂本は同行の者に「だれかあの中に割って入る勇気があるか」と話しかけたが、だれも答えない。すると坂本は道端にいた小犬を抱え上げ、ほおずりしながら列の中に正面から入って行った。会津藩士は左右に分かれて坂本を通した。犬は小道具にも使われる。

四月二十二日、龍馬は小松帯刀、西郷隆盛とともに京都を出発し、大坂から胡蝶丸に乗り、五月一日、鹿児島に着いた。この時、坂本は上之園の西郷宅に泊まったようだ。後年、西郷という人には感心させられた、と坂本がその夜のことを話している。

坂本龍馬が西郷家に一泊した時、夜半に西郷先生と奥さんの話し声が聞こえてきた。聞くともなしに聞いていると、奥さんが「家の屋根が腐って雨漏りがして困ります。お客様がおいでの時、面目がございません。どうか早く修理してくださいませ」と訴えると、西郷先生は「今は日本全国に雨漏りがしている。我が家の修理なんかしておられんよ」と答えられた。（指宿《いぶすき》町長・有馬純清《すみきよ》が高知の友人から聞いた話。『南洲翁逸話』）

西郷家は以前のように貧しくはない。「雨漏り話」のあった時点で、西郷は役料九十石の御《お》側役《そばやく》だったが、五月九日にさらに出世して家老並みの大番頭《おおばんがしら》役料百八十石になった。しかし、大切なのは家の雨漏りではなく、国事なのだ。

当時、上之園の西郷家には何匹か犬がいたはずだが、歴史の動きとは直接関係がないから、記録には残らない。ただ西郷や坂本の周りで犬が尻尾を振っている姿を想像すると少し楽しくなる。

このころ幕府は再度長州征討の兵を出すよう諸藩に要請していた。しかし幕府の屋台骨はすでにぐらついていた。西郷に出兵する気はまったくなく、鹿児島に帰った西郷は出兵拒否で藩論をまとめた。心のうちではすでに長州と和解し、倒幕のために手を結ぶことまで考え始めている。その間を周旋《しゅうせん》する要の人物が土佐の坂本龍馬と中岡慎太郎だった。中岡は四月末、下関で長州の木戸孝允《こういん》（桂小五郎）と会って薩長同盟の根回しをしている。坂本は五月十六日、薩摩の藩論を見定めたうえで鹿児島を出発し、都落ちして太宰府にいた三条実美《さんじょうさねとみ》ら五卿《きょう》に会い、薩長和解について腹案を示した。

慶応二年（一八六六年）一月五日、薩摩と盟約の話をするために木戸孝允は京都の薩摩藩邸に入り、宿泊した。ところが毎夜宴席があるが、盟約の話は出ない。西郷は黙ってその場の話を聞いているだけだった。十九日夜、坂本龍馬が薩摩藩邸に入り、翌日木戸に会って様子を尋ねると「薩摩から盟約の話が出ない。今、天下を敵にしている長州から話を切り出せば、憐れみを請うことになる。君の尽力には感謝しているが、私は帰国する」と返答があった。坂本は「薩長連合は日本国を救うためのものだ。一藩の私情はがまんしてほしい」と述べ、西郷に談判するため藩邸を出て行った。

西郷は御所に近い相国寺《しょうこくじ》脇の塔乃段《とうのだん》に屋敷を借りて住んでいる。坂本は怒って西郷の「無情」を責めた。なぜ木戸の気持ちがわからないのか、というのだ。「しからば同盟の儀、桂に申し込もう」と西郷は答えた。そして翌二十一日、家老小松帯刀邸で坂本龍馬立ち会いのもと、木戸、小松、西郷が会談し、薩長同盟が結ばれた。

のちに坂本は「私は生来怒ったことがないが、あの時（西郷に談判した時）だけは真に激高した」と海援隊の中島信行《なかじまのぶゆき》（土佐郷士）に語った。（『維新土佐勤王史』）

●京都西郷邸の犬と、寺田屋事件の犬

西郷は京都でも犬を飼っていた。

昭和十二年、鹿児島に陸軍大将西郷隆盛の銅像が建設された時、地元で盛大な記念事業が行われた。鹿児島新聞では「武《たけ》の西郷邸物語」という企画記事が三十九回連載された。筆者の池田米男《よねお》は西郷関係の史料を長年集めていた人で、鹿児島県史蹟調査会常任委員を務めていた。連載は『南洲先生新逸話集』と改題して鹿児島新聞から出版された。その中に、京都で飼って

いた犬の話が載っている。

明治戊辰《ぼしん》の役《えき》の前、先生は遠く二頭の猟犬を京都の地まで曳《ひ》かれ、度々郊外の山奥を狩り立てられた。一頭はソノという名で川辺《かわなべ》（南九州市）産の黒の雄、もう一頭は溝辺《みぞべ》（霧島市）産で毛色が虎斑《とらふ》だったからトラと名付けられた。（要約）

沖永良部島から召喚され、藩政に復帰したあと、西郷は活動の拠点を京都に置いた。政事は京都を中心に動いていた。塔乃段の西郷邸はそこそこ広い家だったようだ。『元帥《げんすい》公爵大山巖《いわお》』によると「西郷の寓居に起臥《きが》する者は元帥（大山）の外《ほか》に西郷信吾（従道）、黒田了介《りょうすけ》（清隆、のち内閣総理大臣）、村田新八（西南戦争で戦死）、伊集院兼寛《かねひろ》（西郷の最初の妻須賀の弟、のち海軍少将）、伊牟田尚平《いむたしょうへい》（慶応四年切腹）、寺田弘（望南《ぼうなん》、下野後は古書研究家）の諸士」だった。西郷が犬を飼える場所はここしかない。この家には下僕も住んでいたから、西郷が留守にしても犬の世話をする人はいる。日ごろは番犬として、時には猟犬として働いていたのだろう。しつこく書いておく。坂本が西郷と談判した時も屋敷に犬はいたに違いない。私は犬の影を感じながら、この原稿を書いている。

慶応二年（一八六六年）一月二十一日、坂本龍馬は小松邸で薩長盟約の会談に立ち会い、翌二十二日に小松、西郷とともに木戸を送り、二十三日夜、長州藩士の三吉慎蔵が隠れ待つ伏見の船宿寺田屋に入った。薩長連合成立の祝杯を挙げようとしたところへ、風呂に入っていたお龍《りょう》が袷《あわせ》一枚の姿で裏ばしごを上って来て、捕り手に囲まれていると知らせた。伏見奉行所の手勢が約百人。二階に押し入って来た役人に、坂本は「薩摩藩士なり」と答えたが、問答になり、坂本は高杉晋作から護身用に贈られた六連発の短銃を発砲した。三吉は槍で敵を防いだ。この時、坂本は右手の親指の根元、左手の親指の関節、人差し指の骨を切られ、弾を撃ち尽くし、弾込め中に弾倉《だんそう》を落としてしまった。二人は裏の家の雨戸を打ち破って逃走、材木置き場に身を隠した。「おりあしく犬が実にほえて困り入りたり」と坂本は兄権平《ごんぺい》への手紙に書いている。三吉は坂本を残して伏見の薩摩藩邸に駆け込むと、すでにお龍から事件の通報があり、薩摩藩士によって坂本は救出された。

●龍馬夫妻、西郷の狩り場に新婚旅行

三月四日、坂本龍馬は温泉での傷の養生とお龍との新婚旅行を兼ねて、小松、西郷、吉井友実らとともに薩摩藩船で大坂を出発し、鹿児島に向かった。坂本の旅行メモ『坂本龍馬手帳摘要』によると、次のような行程になっている。

十日　　鹿児府（麑府《げいふ》＝鹿児島）ニ至ル。

十六日　大隅霧島山ノ方、温泉ニ行《ゆく》。鹿児の東北七里計《ばかり》ノ地、浜ノ市《はまのいち》（霧島市・浜之市）ニ至ル。但《ただ》し以舟《ふねをもって》ス。夫《それ》ヨリ日高山（日当山《ひなたやま》、霧島市）ニ至ル。
十七日　シオヒタシ（塩浸《しおびたし》、霧島市）温泉ニ至ル。
二十八日　霧島山ニ発ス。温泉所ニ泊ス。
二十九日　霧島山山上ニ至ル。夫ヨリ霧島ノ宮ニ宿ス。
三十日　温泉所ニ帰リ。
四月大（大の月）　シオヒタシ温泉所ニ帰ル。
八日　日当山ニ帰ル。
十一日　浜ノ市ニ帰ル。
十二日　浜市ヨリ上舟、鹿児ニ帰ル。
（六月一日、桜島丸に乗り、鹿児島を出発する）

『坂本龍馬手帳摘要』には薩摩藩関係者の名前が一人も出てこない。伏せているのだろう。坂本が姉の乙女に出した手紙によると、薩摩藩京都留守居役、吉井友実が温泉に同行している。霧島の高千穂山頂には日本の国生み神話に出てくる天逆鉾《あめのさかほこ》が立っているが、龍馬とお龍は逆鉾を見に行って「これは天狗の面のようだ」と笑い合い、逆鉾を引き抜いてしまった。龍馬は「二人で鼻を押さえてエイヤと引きぬけば、わずか四、五尺のものだった」と姉への手紙に書いている。

塩浸温泉は司馬遼太郎の『竜馬がゆく』で有名になった。傷によく効くこの温泉に新婚の龍馬とお龍は十八日間滞在した。夫妻に同行して鹿児島に戻った小松、西郷はこの時、どうしていたのか。『竜馬がゆく』の霧島温泉旅行には小松も、西郷も出てこないが、『小松帯刀日記』によれば、小松は三月十四日に霧島栄之尾《えのお》温泉にある藩の宿泊施設・栄々庵《えいえいあん》に湯治に行き、合間に鹿狩りを楽しんでいる。二十八日には坂本夫妻と吉井が栄々庵を訪ね、宿泊している。『坂本龍馬手帳摘要』と照合すると「二十八日　霧島山ニ発ス。温泉所ニ泊ス」とある「温泉所」が「栄々庵」に相当する。栄々庵は塩浸温泉から霧島山に行く途中、霧島山の中腹にある。

一方、西郷はどうしていたのか。小松は栄之尾温泉から京都の大久保利通に宛て手紙（四月一日付）を出しているが、その中に西郷の名前が見える。


西郷、税所《さいしょ》（篤《あつし》）も日当山え入湯《にゅうとう》、吉井、坂本も塩浸え入湯にて、両日跡（二日後）より拙方《せっぽう》え参られ、賑々敷事《にぎにぎしきこと》に御座候（『大久保利通関係文書三』）

この手紙は少々わかりにくいところがあるが、次のように読んでいいだろう。

「西郷、税所は日当山に入湯していて（私のところに来た。）吉井、坂本は塩浸に入湯していて、（西郷、税所の）二日後に私のところへ来て、（みんながそろい）にぎやかなことでありました」

※霧島山は、韓国岳、高千穂峰など北西から南東にかけての1000m級の20を超える火山の総称

『小松帯刀日記』の該当部分には西郷、税所の名前がないので、二人は栄之尾温泉には来ていなかったと解釈することも可能だが、そうだとすると栄之尾温泉から二十数キロも離れた日当山温泉の二人のことを、なぜ大久保への手紙に書いたのか、その理由がわからなくなる。西郷、税所、吉井、坂本夫妻がそろったから「賑々敷事《にぎにぎしきこと》に御座候」なのである。

坂本は霧島からの帰り、四月八日から日当山温泉に三泊している。この時、西郷と税所も日当山にいたようだ。小松帯刀は同じ八日に浜之市から船で鹿児島に帰ったが、『日記』には鹿児島神宮（霧島市隼人町《はやとちょう》）まで西郷と税所が見送りに来たと記されている。日当山と神宮は二キロちょっとしか離れていない。この日の『日記』に坂本の名前は見えないが、坂本夫妻も西郷、税所と一緒に小松を見送った可能性がないとはいいきれない。

西郷は日当山で兎狩りをして坂本夫妻に御馳走しようと考えていたのではないだろうか。龍馬は西郷のさまざまな心づかいがうれしかったようだ。姉乙女へ出した霧島新婚旅行報告の手紙には「西郷吉之助（隆盛）の家内も吉之助も、大いに心のよい人なれば、此方《こなた》へ妻などは頼めば（預かってもらえれば）何もきづかいなし」と書いている。

日当山は西郷の犬連れ兎狩りのホームグラウンドである。西郷は前年五月、龍馬が鹿児島を訪れていた時、藩の大番頭（役料高百八十石）、一身家老組に昇進している。藩政時代は藩主のための狩り場が各地にあり、領内どこでも自由に狩りができるわけではなかったが、家老職となったことで、家格的にも狩りをすることのお墨付きを得たのではないだろうか。ただし、この件は史料上、未確認である。

西郷は戊辰戦争後の明治元年に長期間日当山温泉に滞在し、兎狩りをしているが、日当山以外の領内各地で本格的に狩りを始めるのは明治二年の版籍奉還《はんせきほうかん》以降のことである。

3 犬連れの京都、祇園

●西郷はなぜ大久保を狩りに誘ったか

慶応二年（一八六六年）十二月九日、イギリスの外交官アーネスト・サトウは兵庫港に上陸し、西郷と会った。その時の印象をサトウは次のように述べている。
「この人物は甚《はなは》だ感じが鈍そうで、一向に話をしようとはせず、私もいささか持てあました。しかし、黒ダイヤのように光る大きな目玉をしているが、しゃべるときの微笑には何とも言い知れぬ親しみがあった」（『一外交官の見た明治維新』坂田精一訳）
この会談の四日前、徳川慶喜《よしのぶ》が十五代将軍となった。西郷からそのことを聞かされたサトウは「われわれはこの国全体に対して幕府に主権があるのか疑っている」と語った。
京都御所を囲むようにして、小松帯刀邸（松之下町《まつのしたちょう》）は西、西郷隆盛邸（塔乃段）は北、大久保利通邸（石薬師《いしやくし》）は東にある。サトウと会った翌々日（十一日）、西郷は急ぎの手紙を大久保に送った。

「明朝六つ（午前六時）前、小室（御室《おむろ》）山狩りに小松大夫《たいふ》（帯刀）が登られます。貴兄御同伴のお思し召しですので、出がけにお誘いに上がります」

ここでいう狩りとは兎狩りのことだ。犬を使って兎を追い立て、わなで捕まえる。猪狩りと違って少人数でもできるが、犬がいないと狩りにならない。西郷は自分の犬を出したのだろう。それにしても、大久保まで誘って、あわただしく狩りに行くからには、何らかの意図があったに違いない。

薩摩藩では関狩りといって、藩主が指揮をとり、すべての藩士が鉄砲を持って参加する大規模な狩りが行われる。一万数千人が参加する軍事訓練である。西郷も嘉永五年（一八五二年）に父親、弟と三人で鉄砲一梃持参し出場している。薩摩では狩りは単なるレジャーとも違うのだ。いずれ戦乱が始まると西郷は考えている。京都がその舞台になるかもしれない。小松、西郷、大久保の狩りは、その時に備えて京都の山稜の地勢を調べるためのものではなかったか。

西郷は薩摩・島津久光、越前・松平春嶽《しゅんがく》、土佐・山内容堂《ようどう》、宇和島・伊達宗城《むねなり》の四侯《しこう》に上京してもらい、政局を動かそうと考えていた。万一久光が上京している時に非常事態になれば、逃走路も考えておかなければならない。島津家には前例がある。関ヶ原の戦いの時、島津義弘《よしひろ》は約千五百の軍勢を率いて西軍に加わったが、徳川方の東軍に囲まれて孤立し、敵軍の中央を突破し、決死の者が藩主の盾となって追手を防ぎ、伊勢街道を突っ走った。義弘は鈴鹿山脈を越えて大和に入り、奈良桜井の平等寺《びょうどうじ》に身を隠し、難波から船で日向にたどり着いた。生き残った者はわずか八十人といわれている。

義弘の墓は鹿児島から約二十キロ離れた日置《ひおき》市の妙円寺《みょうえんじ》（現徳重《とくしげ》神社）にある。薩摩藩士は関ヶ原合戦があった九月十五日、甲冑《かっちゅう》を身にまとい、妙円寺参りをするのが習わしだった。薩摩の侍は自ら盾となっても藩主を死なせてはならない。関ヶ原の教訓は藩の重要な行事となって受け継がれてきた。

西郷が京都に犬を連れて行ったのは、ただ兎狩りが好きだったからではないだろう。戦国武将が犬を引き、鷹狩りをしながら、戦に備えて地勢を調べたように、西郷も犬を連れ、狩りをしながら、もしもの時に備えていたはずだ。大久保は久光に信望があり、この当時は京都在勤だった。小松と西郷が急遽《きゅうきょ》大久保を狩りに誘ったのは、久光上京の動きと関連があったに違いない。攻めるにしろ、逃げるにしろ、地勢を知らなければ物事は始まらない。

西郷が中央政界で重きをなすにつれ、本来は何でもない犬を飼い、狩りをするという行為が否応なしに政治的意味を持ち始める。戊辰戦争が終わったあと、西郷は犬を連れて鹿児島の日当山温泉に数十日も引っ込んでいる。征韓論争に敗れて下野すると、これまた犬を連れて兎狩りをしながら温泉を回り続けている。さらに西南戦争にまで犬を連れて行き、兎狩りをしている。その行動は常人と違う。坂本龍馬が西郷を評して語った「馬鹿の幅」は間口が広く、奥がずっと深いかもしれない。

●祇園の茶屋に連れて行ったのは、蘭犬「寅」か

『南洲翁逸話』(鹿児島県教育会編)に「愛犬と祇園の茶亭に上がる」という一文がある。西郷が寅という名の犬を連れて、祇園のお茶屋に出没していたという話だ。祇園の名妓《めいぎ》君竜《きみりゅう》の懐《かい》旧《きゅう》談として掲載されている。

南洲翁が明治維新の頃、江戸や京都辺りを曳《ひ》かれて居る愛犬は名を寅といった。和蘭国《オランダこく》から将軍徳川家斉《いえなり》に贈った蘭犬《らんけん》の血筋を受けて居るという犬で、翁は鼻結び草履《ぞうり》を履《は》いて、愛犬寅を曳き、常に京都祇園あたりでは、愛犬と共に茶亭に上がり、食を取るが例となって居た。

当時祇園新地の名妓であった君竜の評がある。頗《すこぶ》る面白い。曰《いわ》く、「木戸さんや山県《やまがた》さんや、伊藤さんや、歴々のお方々が折り〳〵お出でになって妓を娉《てい》し(侍《はべ》らせ)夜深くまで歓を尽くされましたよ。西郷さんのみは、犬を引っ張ってお出でになり、犬さんと御一緒に鰻飯を召し上がれば直にお帰りになりました。西郷さんの所作は真に粋の中の粋を知ったお方、歴々中の一番おエライ方様と伺いました云々」と。無粋《ぶすい》必ずしも無粋ではない。無粋は粋の極である。老妓の南洲翁評は実に知言である。

祇園の茶屋に犬を連れて来て、鰻を食わせて帰るのがなぜ粋なのか、私にはわからない。「無粋は粋の極」ではなく、「無粋はやはり無粋」ではないのか。西郷の生涯は数多くの伝説に彩られて、後世に伝えられている。

司馬遼太郎は『翔ぶが如く』で、『南洲翁逸話』の君竜の話を若干加工しながら引用している。

西郷は犬を偏愛した。

幕末、かれは京都にいるとき「寅」という名の蘭犬を愛し、外出するときは「寅」を曳きながら歩いた。他藩の同志と酒楼で会するときも「寅」を座敷にあげてつねに自分のそばにすわらせ、犬の背を撫《な》でながらひとと話した。

この奇癖は、刺客がとびこんできた場合の用心という効用もあったかもしれない。が、当時祇園あたりでは西郷のこの犬好きをむしろ粋だと見ていたようで、名妓君竜の話というのが遺《のこ》っている。

「木戸さんや山県さんなどお歴々衆がよくいらっしゃって歓をつくされました。ところが西郷さんだけは犬さんといつも御一緒で、かならず鰻飯をご注文になります。犬にもやり、ご自分も召しあがると、すぐ帰ってゆかれました。まことに粋の中の粋を知った方だとお

床次正精《とこなみまさよし》画『西郷肖像』　明治20年ごろ制作に着手。自分の記憶をもとに、薩摩出身の山下房親《ふさちか》の意見を入れて陸軍大将の西郷隆盛を描いた。架空の構図だが、西郷の顔はよく似ているようだ。左下の犬は日本犬ではなく、明らかに洋犬である。西郷が飼っていたのはほとんどが日本犬で、絵の中の犬は蘭犬かもしれない。　鹿児島市立美術館蔵

もいました」

『翔ぶが如く』にはしばしば犬の話が出てくる。ある時、人から「あなたは『翔ぶが如く』を読みましたか」と聞かれたことがある。司馬遼太郎が書いていることと違う、というのだ。『翔ぶが如く』はノンフィクションといえるほど史料に基づいて書かれているが、それでも小説は小説である。作家としての独自の解釈や脚色がある。創作された事実も、小説の中では創作されていない事実として書かれる。引用史料自体の誤りもある。作家自身も誤りを犯す。それら全部を含めて小説である。

歴史小説家はノンフィクションでは書ききれないこと、書けないことを小説の形で世に出そうとする。小説に書かれた事実の一つ一つをどう論評するかは、かなり難しい作業だ。ただ司馬遼太郎の場合は読者が非常に多い。私が書くこととなぜ食い違いが生じるか、疑問に思う人もいるはずだ。小説家・司馬遼太郎批判をするつもりはまったくない。ただ私が知りえた犬に関する事実（と思われること）を書き記したいだけだ。

司馬が『翔ぶが如く』で引用した「愛犬と祇園の茶亭に上がる」という一文には誤りがある。出典が間違っているから司馬も間違える。まず、幕末、西郷が京都にいる時、蘭犬の寅を連れて茶亭（酒楼）に上がった、というのが違う。

この蘭犬は明治三年四月、まだ七、八カ月くらいの時、西郷の弟小兵衛が東京から鹿児島に連れて来た。蘭犬はどこにでもいるものではないから、幕末の京都にいたのは蘭犬ではないと考えていいだろう。池田米男『南洲先生新逸話集』には、西郷が京都に連れて行った犬として川辺《かわなべ》産のソノ、溝辺《みぞべ》産のトラの名が挙げられているが、溝辺のトラと混同された可能性もある。

この年の七月、西郷は藩知事・島津忠義《ただよし》（久光の息子）に藩政を見てほしいと依頼され、藩の最高責任者である大参事になった。忙しくなるため狩りにも行けず、国分《こくぶ》（霧島市）の山内甚五郎に蘭犬ともう一匹の犬の調教を頼んだ。七月二十三日付の山内宛の手紙にこうある。

この四月、愚弟（小兵衛）江戸より引き連れてきました蘭犬、まだ一歳にもなりませんが、しつけをすれば用に立つと思い、伊作《いざく》温泉（日置市）に連れてきましたところ、少々狩る心持にはなるのですが、用に立つようになるのか一向に覚束《おぼつか》なく、なにとぞ狩の節には、引き連れ試し下されたく合掌いたします。誠に邪魔なものかと思いますが、頼むべき人もなくお願い申し上げます。

今一疋は川辺（南九州市）育ちの犬で、よさそうなのでもらい受けましたが、狩り立てようとはしません。三歳の犬ですが、御仕込み下されたく合掌奉ります。（要約）

山内は国分の郷士で、鉄砲に長じ、狩猟も巧みだった。西南戦争・田原坂《たばるざか》の戦いで負傷し、その後も再度出陣したが、官軍に降《くだ》った。出獄後、鹿児島諏訪神社、霧島神社の神官となった。

●西郷をもてなした名妓は「君竜」か「君尾」か

西郷が祇園に犬を連れて行った話は池田米男『南洲先生新逸話集』にも出ている。これには蘭犬は登場せず、二匹の愛犬が鰻の蒲焼を食べている。祇園の名妓の名前は君竜ではなく、君尾になっている。

　祇園花街の名妓君尾は次の如く語っている。

　明治の御一新前、京都は諸藩の勤皇志士が屯《たむろ》して、夜な〳〵紅灯《こうとう》花街の巷《ちまた》に出入りし、鋭気を養われました。多数の粋人《すいじん》も居られ、中にも木戸様の御愛妓は有名なお松さんで、後《の》ちは夫人にご出世なさいました。大久保様にも御愛妓がいました。西郷様の愛妓は風変わりのお愛犬二疋でした。西郷様はよく愛犬とともに御入来になって、鰻の蒲焼を犬の分まで御注文をして愉快相《そう》に愛犬とご一所にこれを食われ、犬の頭を撫でられたりして、四方山《よもやま》のお話に興じて帰られました。妾《わた》しは西郷様こそ、粋人中の粋人様と思いました。色や恋などという方は、ほんとうの粋人ではありませぬと…

　流石《さすが》は京都の名老妓の真粋《まことのすい》を解した哲言《てつげん》ではある。

司馬は犬に鰻を食わせることがどうして粋なのか、その理由がよくわからず、「当時祇園あたりでは西郷のこの犬好きをむしろ粋だと見ていたようで」と補足説明しているが、『南洲先生新逸話集』によると、色や恋などといわず、四方山話をして愛犬と食事をして帰るから粋なのだ。君尾のいうことの方がわかりやすい。

大正七年二月十八日の東京朝日新聞に「勤皇芸妓《げいしゃ》祇園の君尾死す」という見出しの記事が載っている。君竜ではない。

維新前から京都祇園に左褄《ひだりづま》を取り、高杉晋作、久坂玄瑞《くさかげんずい》、桂小五郎、西郷隆盛、山県狂介（有朋《ありとも》）、品川弥次郎（弥二郎）、井上聞多《ぶんた》（馨《かおる》）、桐野利秋、土方《ひじかた》孫右衛門（久元《ひさもと》）、伊藤俊《しゅん》介《すけ》（博文）等、諸元老に多大の贔屓《ひいき》を受け、勤皇芸妓と称えられた祇園の君香《きみか》（君尾）事《こと》中西きみは十七日午前六時「白梅でちょと一杯や死出の旅」の辞世を残して病死した。卒年七十五。

この記事によると、君尾は丹波船井郡の生まれで、父親は博徒の親分だった。十八歳の時、祇園新地の島村という置屋から芸妓に出た。有名な逸話がある。井上聞多（のち大蔵大臣）が刺客に襲われ、横腹を刺されたが、君尾から贈られた鏡を身に着けていたため、鏡が刃先を受け止め、一命をとりとめた。

追われて逃げて来た桐野利秋をかくまったこともある。君尾がある座敷に呼ばれた時、そこに逃げ込んで来たのが桐野だった。とっさに君尾は眉を作り直し、「私は近衛家の老女である。お忍び中のお殿様に不調法があってはならぬ」といって、追手を追い払った。

井筒月翁《いづつげつおう》の聞き書き『維新俠艶録《きょうえんろく》』によると、新撰組の近藤勇《いさみ》も君尾に惚れた。君尾もまんざらではなかったが、「あなた様は幕府方、ここで禁廷《きんてい》様の御味方をなさるようなら、不束《ふつつか》ながら私、喜んで御言葉に従いまする」と応えた。近藤は「貴様はみあげた女だ」と杯を重ね、機嫌を損ねなかった。

『南洲翁逸話』の君竜は、君尾の「尾」を「竜」に取り違えた誤植か誤記に違いない。

4 戊辰戦争期の西郷と犬

●「度量が狭い」か「太っ腹」か、食い違う西郷評

西郷と同時期に奄美大島に流されていた重野安繹《やすつぐ》は、龍郷村に西郷を訪ね、島の生活や時勢を論じ合った。維新後は歴史学者となり、帝国大学教授を務めた。その重野の西郷評は、世上いわれている西郷像とはかなり異なる。

「西郷は、天下のことはおれでなければ出来はせぬと傲慢《ごうまん》自負して、上下の人を子供のように

あしらう。（言われた方は）なにおれ等でも一杯はまれば出来ぬことはない、やって見せようという気になって、西郷のことを種々わる（悪）ざまに言いなしたると見える」

「西郷という人は一体、大度《たいど》度量のある人物ではない。人は豪傑肌であるけれども、度量が大きいとは云えない。いわば度量が偏狭であるから、西南の役などが起こるのである」（『西郷南洲逸話』重野博士史学論文集）

西郷は度量が偏狭だ、と重野はいう。西郷の死後、西郷の息子菊次郎が東京に出て来た時、まだ職のなかった菊次郎に漢学を教えている。重野の西郷評は憎しみやひがみから出ているわけではない。

ところが、勝海舟の西郷評はまったく違う。

「西郷なんぞは、どの位ふとっ腹の人だったかわからないよ」

「そこへ行くと、西郷などは、どれほど大きかったか分からない。（略）その度胸の大きいには、おれもほと〳〵感心したよ。あんな人物に出会うと、たいていなものが、知らず識《し》らずその人に使われてしまうものだ」（『氷川清話』）

西郷は、勝のいうことをすべて飲み込んで、江戸の無血開城を了承し、江戸の町を戦火から救い、同時に徳川家の存続を認めた。

「度量が偏狭」な西郷と、「ふとっ腹」の西郷がいる。どちらが正しくて、どちらが正しくないという問題ではないように思う。それぞれの西郷がいる。

重野は、西郷の島流しの直接の原因になった勤王僧月照との入水《じゅすい》事件について、奄美で直接話を聞いた。話し相手の少ない島でのこと、西郷は事件の顚末《てんまつ》について延々と語っている。重野の『西郷南洲逸話』を読む限りでは、西郷が無口だというのは一面の真実でしかないということになる。重野もまた「これから先は西郷の直話《じきわ》」とわざわざ断って、奄美で聞いた「直話」を回顧している。事件のいきさつはすでに述べているので、入水の瞬間を要約しておきたい。西郷という人は「度量が狭い」のか「度胸が大きい」のか、思わず考え込んでしまう。


少し湾を離れると、ちょうど西風が吹いて夜になった。酒肴《しゅこう》などを出して酒を飲み、種々国事の話などをした。和尚（月照）と南洲と平野次郎（国臣《くにおみ》）のほかに、下僕重助《じゅうすけ》と与力の坂口が同乗していた。月明かりに心岳寺《しんがくじ》が見えた。十五夜の名月である。南洲は櫓《ろ》の方へ出て、和尚を呼んだ。

「あの寺は心岳寺というて、豊太閤《ほうたいこう》（豊臣秀吉）が薩摩に攻め入った時に、藩主の弟歳久《としひさ》が降参しないで最後まで太閤の命を狙い、それがためについに切腹を命じられ、割腹した所です」

するとと和尚は「しからば一拝しましょう」と言って寺に向かって合掌した。そこを南洲が大手を伸ばし、大抱きに抱いて、そのまま海中にざぶんと投じた。それから先は覚えない。覚えないが、あとで聞くところでは二人が海に投じた音がしたから、船を止めて救おうとしたが止まらない。その時、坂口が帆綱をことごとく斬り払って船を止めた。そこから数町《ちょう》漕ぎ戻して、船頭、水手《かこ》、海に飛び込んで、二人抱き合いながら沈んでいるのを引き上げた。心岳寺の海岸まで船を寄せ、死骸を引き離そうとしたが、しっかり抱き付いて離れなかった。二人を結びつけた精神の強さのせいだろう、と西郷は言った。

心酔する島津斉彬が死んだ時、西郷は殉死《じゅんし》しようとして止められた。西郷の心の動きは月照の時も同じだったといっていいのではないか。「義」のために死を恐れてはならないのである。ただし西郷の「義」は「情」に支えられている。西郷が新政府糾弾《きゅうだん》の兵（西南戦争）を起こしたのも、自分を慕う私学校の校徒、士族への「義」からだったといえるだろう。「義」が内包している「情」が西郷を揺り動かす。

もう一つ、西郷が守らねばならないものに「大義」がある。「義」や「情」が「私」であるのに対して「大義」は「公」である。「大義」のためには、やはり死を恐れてはならないのである。西郷の「大義」とは突き詰めれば勤王だった。勤王とは天皇を神格化することではなく、天皇を戴く新しい国家を作る行為そのものだった。そのためには諸藩が力を合わせる必要があった。薩摩だけが突出するのは覇権主義である。徳川に代わって薩摩が天下を握るにすぎない。

坂本龍馬立ち会いのもとに成立した薩長同盟は六か条からなるが、この段階では倒幕のための同盟というよりも勤王同盟と呼ぶのがふさわしい。薩長は「戦に勝っても負けても薩摩は長州の冤罪《えんざい》（朝敵《ちょうてき》の汚名）を晴らすよう尽力すること」「薩摩、長州ともに皇国のため、皇威が輝くよう誠心を尽くすこと」で合意したのである。薩長を結びつけたのは勤王という「大義」だった。

「大義」の前では「義」は小さい。一徳川家の恩顧のために立ち上がろうとするのはささやかな「義」でしかない。西郷は「大義」を表す錦《にしき》の御旗《みはた》を押し立てて戊辰戦争を起こし、そして圧勝した。

●戊辰戦争をよそに鹿児島で長湯治

慶応四年（一八六八年）は干支《かんし》では戊《ぼ》（つちのえ）辰《しん》（たつ）の年に当たる。前年十月、将軍徳川慶喜は政権を朝廷に返上（大政奉還）しているから、理屈の上ではすでに幕府は存在しないが、旧幕府の組織そのものが崩壊したわけではない。

一月三日、薩長を主力とする新政府軍と旧幕府軍は鳥羽街道で戦端を開き、さらに伏見でも戦いが始まった。徳川幕府を崩壊に追い込んだ一連の戦いをのちに戊辰《ぼしん》戦争と呼んだ。この年の七月十七日、江戸は東京と改称、九月八日に慶応は明治と改元された。この戦いの最中、西郷は奇妙な行動をとった。鹿児島に帰り、さっさと湯治に行ってしまったのだ。西郷の愛犬史を考えるうえで、見逃せない出来事だ。行く先は日当山温泉だったと思われる。その経過を振り返ってみよう。
鳥羽・伏見の戦いのあと、西郷は新政府軍（官軍）の総司令官（東征大総督府下参謀《しもさんぼう》）となり、錦旗《きんき》を押し立てて江戸に向かった。勝海舟と会談の末、四月十一日に江戸城は無血開城され、江戸の町は戦火から救われた。
五月十五日、上野戦争。西郷は薩摩軍を指揮し、長州軍とともに彰義隊《しょうぎたい》を攻め、敗走させた。
「江戸中の者も彰義隊は負けざるものと考えていたが、案外打ち落とされ落胆の様子」（五月二十日、在京都・大久保一蔵《いちぞう》、吉井幸輔宛の西郷書簡）
「青梅《おうめ》と申す所に残兵集まり、一昨朝、打ち払う。（略）賊兵弱きゆえ、毎戦大勝利」（五月二十五日、同）
ところが五月二十九日に西郷は江戸を立って京都に行き、六月九日に藩主島津忠義とともに京都を出発し、十四日に鹿児島に帰ってしまう。北越、奥羽での戦いはまだ終わっていない。「薩摩で新たに募兵する必要がある」というのがその理由だった。
鹿児島に戻って間もなく西郷は温泉に行っている。龍洞院住職宛の七月二十三日付書簡でそのことがわかる。
「着岸した時から不快だったので、湯治へ行っておりました」（着涯《ちゃくがい》より不快に有之《これあり》、湯治抔《など》え参《まいり》居《おり》候）
どの温泉か不明だが、いつもの日当山温泉だろう。鹿児島に着いて三十九日後の書簡だが、文面から想像すると、かなり長期間湯治に行っていたようだ。当然、犬も連れているはずだが、手紙には書かれていない。「不快」というのは体調がよくないということだろうが、「面白くない」という意味も含まれている。そういう時こそ、犬が慰めになる。

援軍の手配が終わり、西郷が船で柏崎（新潟）に向かったのは八月六日だった。二カ月近くかけて募兵していたことになる。戦時中なのにずいぶんのんびりしている。すぐ前線に戻ろうとしない理由があったはずだが、よくわからない。戦略上のことで長州藩と意見の食い違いがあったのかもしれない。

八月十四日、曲渕村《まがりぶちむら》（新潟県三条市）の戦いで負傷した西郷の弟吉二郎が病院で死亡した。西郷の流謫《るたく》時代、農作業をしながら留守宅の生活を支えていたのが吉二郎だった。

西郷は九月十四日に降伏帰順した米沢藩、二十九日に奥羽越列藩《おううえつれっぱん》同盟で最後に降伏した庄内藩に入った。庄内藩は厳しい処分があると覚悟していた。戊辰戦争が始まる前、江戸三田の薩摩藩邸に浪人者が集まり、市中で乱暴狼藉《ろうぜき》を働き、辻斬り、押し込み強盗までやった。これは西郷が仕掛けた幕府に対する挑発行為だった。江戸市中取締役の庄内藩はたまりかね、上山《かみのやま》（山形）、鯖江《さばえ》（福井）、岩槻《いわつき》（埼玉）藩とともに薩摩藩邸を襲撃、焼き討ちした。これが戊辰戦争開始の引き金になった。ところが戦い終わって意外なことに新政府軍参謀の黒田清隆は庄内藩に一人の断罪さえ要求しなかった。黒田に寛大な処分を指示したのが西郷だったことがのちに判明して、庄内藩士は心の広い西郷に心酔する。

●坊主頭で犬連れ温泉旅行

戊辰戦争の行方を見定めた西郷は明治元年十一月、東京、京都、大阪を経て、また鹿児島に帰ってしまった。朝廷から出仕するよう求められても、西郷は断り続けた。その間、何をしていたかというと、犬を連れて日当山温泉に行き、兎狩りをし、温泉に入って村人と四方山話を楽しんでいた。軍事上の名声が上がるにつれ、西郷が天下の実権を握ろうとしていると疑われることを嫌ったのかもしれない。

戊辰・会津戦争で新政府軍の参謀を務めた伊地知正治《いじちまさはる》は西郷、大久保と同じ下加治屋町の出身である。京都にいる大久保は、鹿児島に戻った伊地知に手紙を出して西郷の様子を尋ねている。明治二年一月二十日付の伊地知の返信――

入道先生《にゅうどう》（西郷）には、すでに四、五十日くらい日当山に湯治。犬四、五疋、壮士二人もしくは三、四人同道の由《よし》御座候。（『大久保利通関係文書一』）

長湯治だ。犬も四、五匹連れている。当面政界に復帰するつもりはないという強い意思がそこに表れている。

伊地知の手紙に「入道先生」とあるが、このころ西郷は頭を坊主にしていた。明治の初めの鹿児島の山村では、西郷の知名度はまだ高くない。坊主頭の人が日当山温泉に来るのは珍しく、入浴中にそのことが話題になった。このころの温泉はどこも男女混浴である。

翁（西郷）が温泉につかっているところへ、山内つねというおばあさんがやって来て、一緒に浴槽に入った。つねばあさんは入浴している大男がだれか知らない。翁の頭を見て「きれいな坊さんじゃ」とほめた。「寺を持っちょいやっとな」と聞くと、翁は「桜島を持っとるが」と答えた。（『日当山温泉南洲逸話』）

坊主頭をめぐるこの会話は、戊辰戦争中か、その直後か、西郷が日当山に来た時に交わされたものだろう。寺と坊主について普通に話をしているから、そう推測できる。間もなく鹿児島には寺と坊主が普通ではない時代が来る。廃仏毀釈《はいぶつきしゃく》である。

江戸時代は神仏混淆《こんこう》の時代だったが、徳川幕府の政策により「仏」が主で「神」は従の地位に甘んじていた。王政復古の道を突き進む明治新政府は「神」と「仏」を分離し、朝廷から仏教臭を排除した。明治元年（慶応四年）三月に神仏分離令が出たが、過激な復古主義者は神仏を分離するだけではおさまらず、寺院や仏像の打ち壊し（廃仏毀釈）に走った。

明治二年六月、薩摩藩主島津忠義は仏教行事である盂蘭盆会《うらぼんえ》を禁じ、祖先の祭祀は神式とするよう命じた。八月には寺領の没収を始め、藩内千六百十六寺をすべて廃止し、すべての僧侶を還俗《げんぞく》させた。仏像、仏具、経本《きょうほん》類は藩吏が監視する中で焼却された。西郷家の菩提寺もこの時、消滅した。

「きれいな坊さんじゃ。寺を持っちょいやっとな」というつねばあさんの問いかけは、鹿児島で本格的な廃仏毀釈運動が始まる前の話と考えてまず間違いない。

日当山温泉での西郷の坊主頭をめぐる逸話はまだある。

翁が村の衆と日当山温泉に入っていると、清太郎という百姓の嬶《かか》どんが坊主頭の大男を見て「お寺はまだ廃《ひ》け申《も》さんとな」と聞いた。大男は「頭が太《ふて》から、お上《かみ》の情けでまだ廃け申さん」と真面目に答えたので、その場にいた村の衆が大笑いした。(『傑人記』)

この逸話は鹿児島で廃仏毀釈が盛んに行われていた明治二年後半のものだろう。

この年の二月二十五日、島津忠義は村田新八を伴って自ら日当山に足を運び、西郷に「藩政に復帰してほしい」と要望した。藩主が温泉にいる一家臣を訪問し、物事を頼むことなど幕藩体制下ではありえないことだった。ここまでされて断ることはできない。翌日、西郷は忠義に従って鹿児島に戻り、藩の参政(最高責任者)に任じられた。ということは、西郷は明治二年の廃仏毀釈当時、それを推進する側にいたことになる。それどころか「王政復古」の理念を鹿児島に根付かせるため、率先して廃仏毀釈を進めたのが西郷ではなかったか。

●廃仏毀釈したらどうなるか、犬連れで下調査

西郷が生きていた時代、日本中のほとんどの犬は放し飼いだった。犬に綱を付けて歩いている人が珍しかった。だから、西郷の姿は犬を連れた大男として人々の記憶に残ることになる。西郷が廃仏毀釈の下調査をしていたこともそのおかげで判明する。

私が十一歳ぐらいの時、鹿児島谷山《たにやま》町の森喜之助氏の家に南洲翁が訪ねて来たことがある。翁の遠縁の有川藤左衛門氏と一緒だった。翁は庭先のシイの木に二頭の猟犬をつなぐと、その場に居合わせた私（新保《にいほ》利貞《としさだ》）に「小僧、水だらいに水を一杯持って来い」といった。水を持って行くと、翁はふうふう言いながら顔を洗った。

森氏宅では鶏をつぶして夕飯をごちそうした。夜遅くまで話をして、翁は有川氏の屋敷に帰られた。あとで喜之助氏が私に「西郷どんは今度島から帰られた。わざえ人（恐ろしい人）じゃらい。寺を廃しようと思うが、人心が動揺せぬかと諮問《しもん》に来られた」と話された。（宮川小学校校長の調査報告『南洲翁逸話』）

寺院を廃止した場合、どういう問題が起こるか、事前に西郷が意見を聞きに回っている。犬は猟の訓練と散歩を兼ねて連れている。このころ犬連れで人の家を訪問する人はほとんどいな

いから、「小僧」の記憶はより鮮明になる。

ところで、藩による寺院の廃止、破却には先例がある。水戸藩である。尊王家で、仏教嫌いの徳川光圀（水戸黄門）は領内の多数の寺院を破却した。幕末の水戸藩主徳川斉昭も仏教嫌いで、しかも攘夷家だった。「異国人（釈迦）を拝むよりは神を尊び拝むべきだ」と述べ、二百ばかりの「邪教の寺」を取りつぶし、大砲を鋳造するのに必要な銅が不足すると、寺院の鐘、銅仏、仏具を鋳《い》つぶした。その施策を推進した人物は、西郷が江戸小石川《こいしかわ》の水戸藩邸で会い、大いに感銘を受けた藤田東湖だった。

薩摩藩では幕末に排仏運動が始まっている。谷山町の森喜之助が「西郷どんは今度島から帰られた」と話していることから推測すると、前出の逸話は幕末のものの可能性がないとはいいきれないが、いずれにしても鹿児島の廃仏毀釈の中心に西郷がいたと考えてまず間違いはない。

西郷はなぜ頭を丸めたのか。いくつかの説がある。

①北越戦争で戦死した弟吉二郎を弔《とむら》うため。

（自分の出陣が遅れなければ、死なせずにすんだかもしれないという悔悟《かいご》の念もある）

②仇敵《きゅうてき》会津藩を激しく憎む長州藩に対し、藩主松平容保《かたもり》らの寛大な処分を促すため。

（戊辰戦争は復讐戦ではない。頭を丸めて寛恕《かんじょ》を求めた）

③西郷の名声が上がり、島津久光、忠義父子に対し、二心のないことを示すため。

（西郷が藩主になり代わろうとしているという疑念を晴らしたかった）

西郷の目指すところは王政の復古と近代的な王政の確立にあった。戊辰戦争に至るまでにも多くの血が流された。道半ばで命を失った諸士の志を忘れず、冥福を祈るため頭を丸めた可能性は捨てきれない。④の説として挙げておきたい。

第三章

明治初年、犬と狩りと温泉ざんまい

1　日当山温泉に家族旅行

●奄美に残してきた菊次郎と菊子を引き取る

西郷は家族思いだった。日当山《ひなたやま》温泉にはしばしば家族連れで出かけた。
戊辰戦争が終わり、明治元年十一月初め、西郷はさっさと鹿児島に帰ってきた。それから「犬四、五疋、壮士二人もしくは三、四人」を引き連れて日当山温泉に行き、長逗留した。そのあといったん自宅に戻り、年が明けて明治二年二月初め、再び日当山に出かけた。西郷四十三歳、妻イト二十七歳、嫡子寅太郎四歳。親子三人の温泉旅行だった。

今の寅太郎侯が三つか四つの年頃だった。夫人と三人連れでやって来て、迫田権之助の家に泊まっておられた。ある日、寅坊がシュロの葉で作った蠅《はえ》打ちを持って、翁の巨大な頭をピシャッと叩きつけた。見ていた人はハッとしたが、翁は「元気な坊主じゃね」と寅坊を引き寄せて膝の上に抱き、しきりに頭をなでておられた。（東幸治『傑人記』）

西郷を藩政に復帰させるため、島津忠義が日当山温泉に西郷を訪ねて来たのが、この親子三人温泉旅行の最中だった。

西郷は奄美大島にも家族がいる。イトと祝言を挙げて二カ月後、奄美大島龍郷《たつごう》の得《とく》藤長に出した手紙には「拙者の子供の儀、始終気になっております。京都に詰めておりましても、折々思い出すばかりです。反物二反差し送りますので、豚子《とんし》（わが子）へお渡し下さい」と書かれている。イトも奄美に愛加那と子供たちがいることは知っている。

藩政に復帰した明治二年七月八日、西郷は鹿児島・武村《たけむら》の屋敷六百九十坪を買い取り、上之園《うえのその》の借家から引っ越した。今度の家は広い。西郷はこの家に奄美の菊次郎を引き取った。

妹の菊子は明治六年に引き取ることが決まりかけたが実現せず、明治九年、十五歳の時に武村の屋敷に引き取られた。菊子はこの時初めて鹿児島に来たようにいわれているが、そうではないかもしれない。日当山の村人の記憶によれば、これよりずっと早く、明治二年に西郷に連れられて菊次郎とともに日当山温泉を訪れているという。前出『傑人記』（大正七年）にその時の話が出ている。

菊次郎が九歳くらいのころのある日「権太郎爺、またやっかいになりに来たよ」と土間の上り口に腰をかけられた。今度は菊次郎さんと妹の菊子さんというのを連れて来られた。

権太郎の宅は村ではかなり大きな家作《かさく》であった。

菊次郎さんは「僕がお父さんと大島をたって船に乗ったら、おっかさんが船ばたに来て大変に泣いちょられたよ」と話されたことがあった。菊子さんは七つか八つのかわいい盛りであったが、柱にもたれて涙ぐんでいることがしばしばあった。翁はこのことが気がかりだったとみえて、召使いなどにも「大島のことを言うな」といましめておられた。

日当山での菊次郎と菊子の話は『傑人記』が初出かもしれない。この本は日当山の村人から取材して書かれ、記述には過剰な修飾がなく、内容はおおむね信頼できる。

菊子が満一歳七カ月の時、沖永良部島から召喚されて鹿児島に戻る途中、西郷は奄美に立ち寄り、菊子と会っている。以来十五歳で引き取られるまで二人は会ったことがないというのが通説のようになっているが、実はそれまでに菊子は鹿児島を訪れていたと考える方が自然のように思う。『傑人記』には「僕がお父さんと大島をたって船に乗ったら」と記されているので、その記述が正しいとすれば、西郷が自ら奄美大島に迎えに行ったことになる。このことを事実として確定させるにはもう一つ裏付けとなる史料が欲しいが、村人の昔話だといって軽視しない方がいい。村人の記憶は案外正しい。

西郷はかなり早い段階から菊子を引き取るつもりだった。そのために菊子の手の甲に島の娘がやる入れ墨をしないよう頼んでいた。菊子が十二歳の時、引き取り話がいったんまとまりかけたが、母一人を島に残すわけにはいかず中止となり、十五歳になってやっと実現した。

菊子は明治十三年、西郷の従弟大山誠之《せいの》助《すけ》と結婚し、菊次郎が京都市長時代に京都に移り、当地で死去した。母愛加那は明治三十五年、奄美大島で死去した。六十六歳だった。

●家族、親類、犬たちと大温泉旅行

明治八年夏から秋にかけて、西郷は家族、親類を引き連れて日当山温泉にやって来た。その時の旅行に参加したと思われる人を列挙すると、

西郷隆盛		四十九歳
イト	妻	三十三歳
寅太郎	長男	十歳
午次郎《ごじろう》注1	次男	六歳
酉三《ゆうぞう》注2	三男	三歳（満一歳八カ月）
菊次郎	庶長子	十五歳

（注1、2）午次郎（ごじろう）の読みは『西郷隆盛全集』等による。三男酉三は同全集では「とりぞう」とルビが振ってあるが、西郷の子孫、妻イトの近親者は「ゆうぞう」と呼んでいるので、それに従った。『西郷の妻―西郷隆盛と妻イトの生涯―』『西郷さんを語る　義妹・岩山トクの回想』を参照した。

西郷ソノ　西郷吉二郎〈戦死〉の妻　三十五歳
　美津　長女　　十三歳
　勇袈裟《ゆうげさ》（隆準《たかより》）長男　十二歳
岩山エイ　イトの母　五十二歳
岩山トク　イトの弟の妻　二十歳
　長彦　長男　　三歳（満一歳八カ月）

以上は『西郷さんを語る　義妹・岩山トクの回想』をもとにして作成したが、同書では菊次郎がいたか明確にされていない。日当山・岩下喜左衛門の回顧談では「菊次郎、寅太郎、午次郎のほか一令息一令嬢（美津、勇袈裟）」（『傑人記』）とあるので、菊次郎を加えた。ほかには西郷家の下僕と犬がいる。

　一行は鹿児島の上町《かんまち》から船に乗り、浜之市（霧島市）に向かったが、岩山エイとトクが船酔いしたため、手前の加治木《かじき》（姶良《あいら》市）で船を降り、一休みしてから日当山まで歩いて行った。日当山には三週間滞在した。宿泊先は龍宝伝《りゅうほうでん》右《え》衛門《もん》家で、この建物は移築されて現在も日当山に残されている。

　子供と遊び、大人とは冗談を言い合い、自分で草鞋《わらじ》を作り、犬を連れ狩りに出かける西郷の姿がトクの印象に残った。近くの川に魚取りにも出かけた。西郷は投網を使って魚を取るのが上手だった。

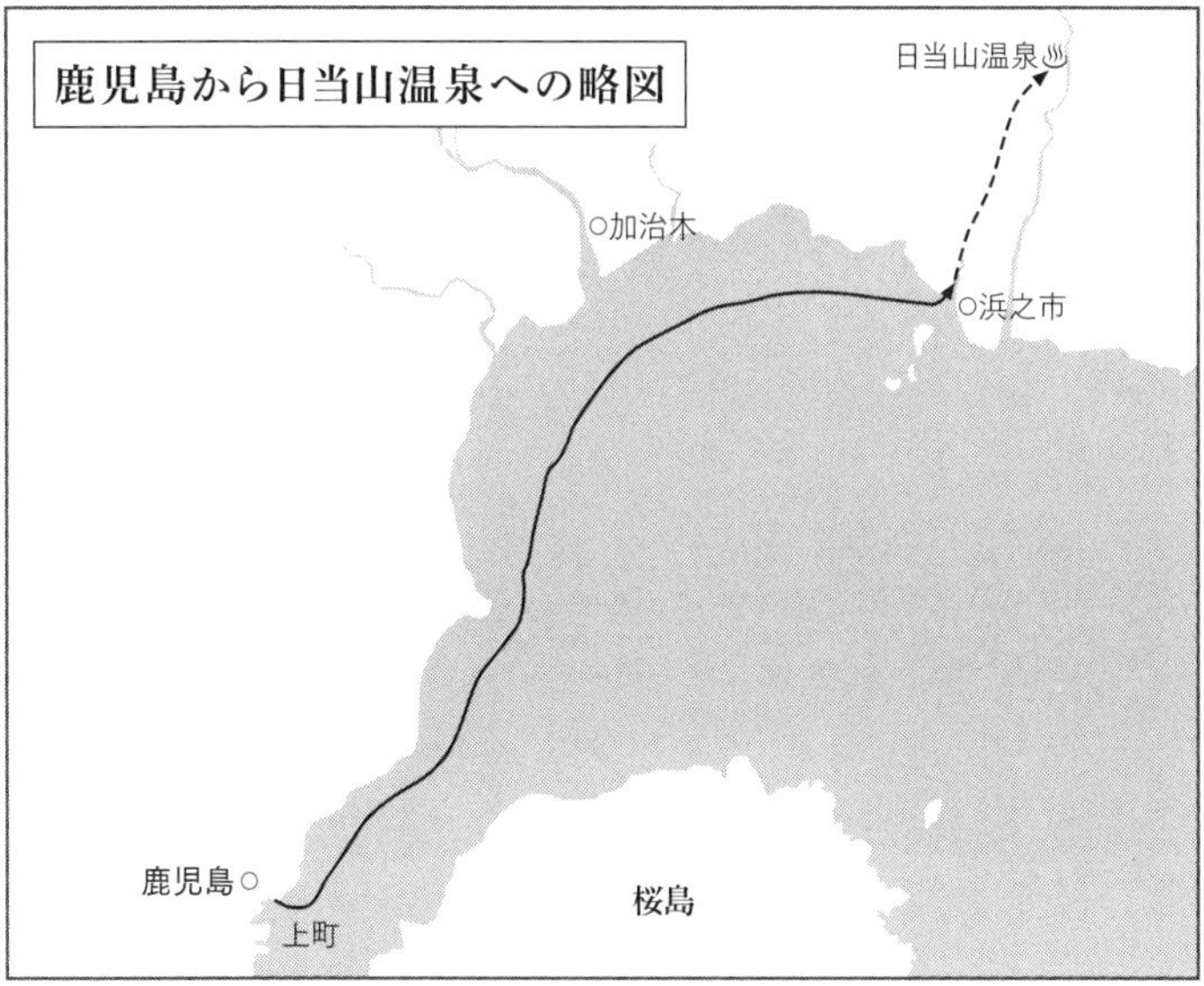

鹿児島から日当山温泉への略図

西郷がかつて入った温泉の湯舟は現存していないが、そのすぐそばに地元の人が愛用している日当山温泉の公衆浴場「西郷どんの湯」がある。入浴料250円。

日当山の岩下喜左衛門によると、西郷は子供を叱らなかった。子供たちがつかみ合い、なぐり合い、泣き叫んでも、西郷は平然とたばこをくゆらし、笑みを浮かべていた。午次郎が何かのことで怒って、着物のまま近くの川に飛び込んでも、大きな目でじっと見ているだけだった。

西郷は概して子供には甘かったが、本気で怒ると怖かった。後年、寅太郎が述懐している。

「子供のころ、かわいがっていた小鳥が死んで、代わりを買ってくれと母に駄々をこねて泣き騒いだことがある。畑仕事をしていた父親が縁側に来て腰をかけじっと見ていたが、突然私を鷲《わし》づかみにし、火のついたキセルの煙草をグイと首筋に当てがった。熱いの、熱くないの、恐いの、恐くないの。生来これくらい恐ろしいことはなかった。父は一喝もしない。恐ろしい目がギロリと光ったのみだった」（『大西郷秘史』）

2　犬連れの狩人、西郷隆盛

●狩りを通じて庶民にとけ込む

人々の記憶の中の西郷はいつも犬とともにいた。昭和初年、鹿児島県教育会が収集した西郷の逸話（『南洲翁逸話』）も犬に関係するものが圧倒的に多い。犬を連れ、兎狩りに行き、村人と一緒に温泉につかることで、西郷は庶民の中にとけ込んでいった。

湯田《ゆだ》（薩摩川内市）の橋口キヨは八十七歳になっても、五十年以上前のある晩、突然家を訪ねて来た大男のことをよく覚えていた。明治七年秋のことのようだ。

○夫の八之助は夜狩りに出ていなかった。子供五人を寝かせて夜仕事をしていると、「八之助どん方はここか」と尋ねて来た人がいる。見れば大男で、供一人と犬が三匹いた。びっくりして「どなたですか」と尋ねると、「おら鹿児島者で、八之助どんと同職（猟師）じゃら」といった。「お上がりなさい」とキヨがいうと、囲炉裏《いろり》のそばに座った。子供が病気だったのでその話になって、それからまた別の話になったが、八之助が帰らないので、供と犬を連れて狩りに出て行った。その後、二度家を訪ねて来たことがある。その時は夫と一緒に夜狩りに出かけた。

ある時は「お前の家も大変そうだから、もし心配事がある時は鹿児島に言うてやれ」と夫に書付を下さり、煙硝《えんしょう》（火薬）と鉛玉《なまりだま》を置いて行った。私はその時は西郷さんだとは知らず、後で知りました。（橋口キヨ談）

西郷は狩りに明け暮れている。本物の「同職」のように夜も昼も狩りに出ている。夜狩りではイノシシ、タヌキ、ムジナ（アナグマ）なども狙う。

西郷は湯田温泉の上床《うわとこ》彦一郎宅に泊まっていた。

○十年戦争（西南戦争）の始まる四年ばかり前、鹿児島の者だといって、供を四、五人連れ、狩姿でお出でになった。六畳二間に泊まったが、炊事などは供の方がやり、毎日兎狩りに出て居られた。犬はいつも自分のそばに置いてかわいがっておられた。一週間ぐらいいて、夜中に島津さんから迎えが来て、すぐに出発された。（高城村《たきむら》湯田温泉、上床ミノ八十三歳談）

○西郷さんは上床さんの家におられたが、犬を非常に大切にする方で、私の父はいつも卵買いにやらされて、犬に与えておられた。兎狩りに行かれて、たくさん獲物があった時は人に分け、自分は食うことよりも狩ることが楽しみだと申されていました。

入浴は隣の共同湯で、いつも隅の方に入っておられた。ある日のこと、私が西郷さんと一緒に入浴していると、一婦人が来て髪を洗った。その際、湯が西郷さんに飛んだので、西郷さんは無言で女をにらまれた。（平城五助八十一歳談）

水引村《みずひきむら》（薩摩川内市）にも時々来て四、五日滞在し、村の青年たちを引き連れて、兎狩りに出かけた。獲物があれば青年に料理を命じ、談笑しながら会食し、自分は食べず、獲物は宿の者、青年たちが食べた。

○山のふもとの出口孝左衛門方に犬を二匹連れて立ち寄られた。妻のツルが恐る恐る番茶とタケノコの酢味噌を出すと、「オー、これは好きだ。御馳走だ」といって食べられた。これを平らげたので、もう一杯盛って出した。それも食いつくし、茶、冷や飯と次々と要求し、茶は青年、冷や飯は犬に与え、おばあさんと田舎話をした。家に子がいないと聞くと、養子を育てる心得を話され、茶台の下に一封置いて礼を述べて立ち去った。出口家ではやがて養子を迎えて翁の教えを守り、養子は人格者となり第一回の村会議員となった。（水引村調査報告）

西郷が藩の郡方書役助《こおりかたかきやくすけ》をしていたころ、伊集院（日置市）に時々出張した。嘉永四年（一八五一年）に石造りの眼鏡橋（永平橋《えいへいばし》）ができたが、西郷はその工事の監督をしていた。現在も残る永平橋の碑に刻まれた文字は西郷の筆跡である。その縁で明治になっても伊集院の本田元右衛門家に時々立ち寄った。

○翁が来た時、二升ぐらい入る器にすしを入れて出した。「うまい」といってだいぶ食べたあとで「残りはどうするか。家の分はあるか」と聞かれたので、元右衛門が「ある」と答えると、「それでは」と立ち上がり、供の三匹の犬に全部食べさせた。ほんとうはそれだけしかなかった。犬は喜んで皿をなめ尽くし、皿を三枚とも縁側のヘリから落として割ってしまった。（本田元助談）

伊作《いざく》（日置市）には湯治を兼ねてしばしば兎狩りに行った。西郷の叔父の椎原国幹《しいはらくにもと》（西南戦争に従軍。のち鹿児島学校長）がかつて地頭《じとう》をしていたため知り合いも多かった。
○翁の狩りの案内をした宮内幸蔵君の言われるには、翁が犬を愛せられること度が過ぎるほどで、一山狩り終わると、難儀だったろうと慰撫《いぶ》し、食を与え、自分の糧食がなくなることさえあった。狩りを終えて帰った時は、大鍋に兎や鶏の料理したものを真っ先に犬に与えられ、犬は肥満し、狩りに向かなくなったものもあったそうだ。（西田勇治談）
西郷家に奉公していた中間《なかま》長四郎によると「西郷家には犬飼の男がいて、ブリその他の魚を買うて来て、半搗米《はんつきまい》に焚《た》き込んで食わせていた」。

●優秀な猟犬が欲しくてたまらない

狩りは優秀な猟犬がいないと、うまくいかない。複数の犬を使って兎を追い立てるが、わなの方へ追わなければ意味がない。わなは木の枝や竹などのバネを利用したくくりわなを兎道に仕掛けた。網を使うこともあった。逃げて来た兎を銃で狙うこともあったが、単発銃なので外すことも多かった。いい犬がいるという話を聞くと、譲ってもらえないか交渉した。
○万世町小松原《ばんせいちょうこまつばら》（南さつま市）の平川与左衛門はいい犬を多数飼っていた。中でも雪という名のメス犬は名犬との評判が高かったが、だれが来ても「父の遺言だから」といって譲らなかった。西郷は弟の小兵衛と従僕の永田熊吉を平川家に行かせて犬の仕事ぶりを見させた。一週間宿泊し、雪と狩りに行き、小兵衛もこの犬は素晴らしいと思った。そこで「先代の遺言もあることだから、譲り受けることは無理として、貸していただき狩りをしてみたい」と頼んだ。平川も断りかねてついに承諾した。小兵衛は「代わりに」と桐箱を一つ置いて行った。平川の家族は涙を流して雪を見送った。

五日後、尻尾を振って雪が戻って来た（鹿児島と万世町は約四十キロ離れている）。しばらくして西郷家従僕の熊吉が犬が戻っていないかとやって来た。今朝、犬数匹を連れて出かけたところ、途中で姿を消してしまったという。この時、熊吉は桐箱の中身について話をした。陸軍大将を拝命した時の恩賜《おんし》の拝領品で、中身は刀の柄に使う黄金作りの縁頭《ふちがしら》と目貫《めぬき》だった。これは平川家の家宝となった。

西郷家に来てからも雪の働きぶりは目覚ましく、前例のない一日十一匹の兎を狩り立てたことがあったという。（万世町の調査報告）

○伊作（日置市）に行くと、いつも兎狩りの案内を地元の宮内幸蔵に頼んでいた。宮内はいい猟犬を持っていて、翁はそれが欲しくてたまらなかった。ただ自分が欲しいと直接いうと、宮内も譲らざるを得なくなるから、宿泊先の田部源七郎に交渉を頼んだ。「千貫（一貫＝十銭）

払うから、私の名前を隠して買ってほしい」。宮内は「値段はいくらでも売ることはできない」といって断った。後日、買い手が翁であったと聞いた宮内は「それならばただで差し上げるの

であった」と残念がった。以来、宮内の犬は「千貫犬」と呼ばれた。（小岡喜蔵ほか談）

○明治七、八年ころ、南洲翁が藤川天神（薩摩川内市）に参詣した時、藤川牧野の前田善兵衛がいい犬を持っていると聞いた。犬の名はツン。馬術の達人だった三原隼太の仲介で翁の所有となり、三原には馬、善兵衛には謝礼を贈った。ツンはその後、善兵衛方（鹿児島市から約六十キロ）に単独で戻って来たこともある。かの西郷翁の銅像の本に愛犬として引かれている犬がツンに酷似しているのを見て、古老は間違いなくツンを彫刻したものだろうと語った。（藤川小学校の調査報告）

上野の銅像の犬のモデルはツンだという説が流布しているが、銅像の完成は明治三十一年でツンがモデルになるはずがない。

○国分村《こくぶむら》（霧島市）の山内甚五郎から「敷根村《しきねむら》（同）の大庭定次郎《おおばていじろう》がよい猟犬を持っている」と聞いて南洲翁は早速出かけた。付近の山に狩りに行くと、話の通りの逸物《いちもつ》。大庭は「この犬ばかりは…」と渋ったが、翁が懇望《こんもう》するので譲った。翁はお礼に金十両（十円）を贈った。山内氏は、かの南洲翁の銅像の猟犬はこの犬をモデルにしたものだと語られたそうだ。（敷根小学校の調査報告）

敷根村の犬もツンと同じ理由で銅像の犬のモデルではない。

○鹿児島城下に狩りばかりして家のことは何もしない男がいた。ある日、日当山で西郷と会って「その犬、おはんの犬な」と聞かれ、「私のでごあす」と答えた。しばらくして友人から「日当山で西郷どんに会うたろが。先生が犬をほめやったそうだ」と聞いてうれしくなり、その犬を西郷にあげてしまおうと考えた。

男は犬を引き連れて家を訪ねた。翁は大変喜んだ。「お礼に馬はどうかな」「馬は欲しくない。お礼を貰おうとは思わぬ」「そいなら。こげなもんな、どじゃろかい」

翁はきざみ煙草の箱を取り出してお礼に差し出した。帰って箱を開けると、中に大枚の紙幣が入っていた。男は知らずにくれたものと思って返しに行った。

「それはおはんにあげたもんじゃ。銭をちゅ言えば受けやらんに決まっちょって、黙って入れたんじゃ」

「犬をあげもしたのは、お礼ゆ貰おち考えじゃごわはん。銭なんど貰やしもはん」

突然、西郷が居ずまいを正していった。

「おはんな、ご家内に着物一つ作ってあげやらんち話ゆ聞いたが、その通りかな」

「貧乏ばかりしちょんで、家のことなんだ、かまいしもはん」

「そこじゃが。その銭は私からご家内の着物代にあぐるじゃごあはんか。あの犬はおはんよか、ご家内が余計養うたもんじゃろと思う。ご家内に礼をするのは筋は違わん」

男は感涙し、金を戴いて帰った。（無記名の回顧談）

どの逸話にも西郷の人柄がよく出ている。西郷はだれと会っても威張らない。温泉で一緒になった村人とも気さくに話す。話す言葉はだれに対しても丁寧である。自分からは名乗らない。薩摩の武士はそういうものかもしれないが、西郷の名が有名になってからは、なおいっそう名乗らなくなった。相手が萎縮《いしゅく》したり、過剰に気を使ったりするのを避けるためだった。どこに行っても子供たちをかわいがった。食べ物についてとやかくいわなかった。唐芋（さつまいも）は皮も捨てずに食べた。うまいものがあれば自分だけ食わずに犬にもやった。兎狩りの楽しみは工夫して捕まえること、獲物をみんなで食べることにあった。自分が食べるのは二の次だった。

3　犬に食わせるための鰻の蒲焼

●仰天の高額紙幣を黙って置いていく

徳川時代、御政道批判は厳禁だったが、明治時代になっても政道批判は禁じられていた。明治二年の「新聞紙印行条例」で「政治は妄《みだ》りに批評加うるを許さず」と定められ、六年の「新聞紙発行条目」、八年の「新聞紙条例」で罰則が強化された。

西南戦争が始まると新聞編集人は警視局に呼び出され、「国安を妨害」する記事を掲載すれば「刊行禁止」と宣告された。

「今般鹿児島県下暴徒征討仰出《おおせいだ》され候に付《つき》ては、右に関したる無根の伝説等みだりに新聞紙に掲載相成らず候　右大臣岩倉具視」

東京曙《あけぼの》新聞は「謹んで記載いたさぬようにと、いと御懇切に御達しがございました」と精一杯の皮肉をこめて、この件を報じている。以後、西郷たちは「暴徒」「賊徒」「逆徒」と新聞紙上で報じられた。

西郷をもてはやすような記事の掲載は禁じられた。西郷は賊徒、凶徒、逆徒であり、ちょっといい話もだめだった。戦争が終わって十一日目、そのちょっといい話が大坂日報に載った。しかも記事中で西郷に「氏」「殿」と敬称までつけている。言論規制へのささやかな抵抗だろう。記事の中身は鰻屋で西郷と犬が食べた蒲焼代の話である。

○ある人が西郷隆盛氏の愛犬に一つ話があると教えてくれた。

鹿児島城下で江戸焼鰻を渡世にする佃屋喜兵衛という者は八、九年前、東京より薩摩士族に従ってやって来て、煮炊き水汲み、働くことをいとわず、のちにその士族の援助を受けて手慣れた蒲焼の店を開き、大いに流行《はや》った。

　昨年十二月の末、姿形面体《すがたかたちめんてい》ただならぬ大男が一疋の茶色の犬を引き連れて店に入り、「鰻二人前」との注文に、喜兵衛は焼き立てを差し出したが、自分は二串ばかり口にしてあとは犬に食わせてしまった。「お世話であった」と店を出て行ったが、いくらかと聞くこともなければ、お金を払うこともない。亭主はあわてて追いかけ「お金をもらってない」というと、客は微笑して「些少《さしょう》だが飯櫃《めしびつ》の下に置いた」といって、犬をなでながら立ち去った。

　亭主は戻って飯櫃をのけて見たが、ビタ一文もない。再び後を追い、怒って「金はない」というと、彼が莞爾《かんじ》としていうには「君よ、心静かにして探しなさい。置いてきたことは間違いない」と取り合う様子もない。尋常ではない面魂《つらだましい》に、まさか食い逃げはしないだろう、紙幣は風にでも吹かれたのかと半信半疑で引き返し、念のため飯櫃をひっくり返して見ると、ぬくもった飯櫃の底に十円紙幣がぺたんと張り付いていた。

　喜兵衛は驚いた。最前《さいぜん》の粗忽《そこつ》を申し訳なく思い、それにしてもわずかな蒲焼代にこのような大金を受け取る理由もなく、さきほどの無礼も謝らなければいけないと、駆け出して後を追ったが、もうすでにその影は見えず、行方がわからない。そのまま放っておくわけにもいかず、百方《ひゃっぽう》その人を探し歩けば、何ということだろうか、このころ正三位《しょうさんみ》陸軍大将だった西郷隆盛殿だと聞き知り、腰抜けんばかりに驚いて、その屋敷に行った。「知らぬこととはいえ、先日は大変無礼をいたしました。お詫びはこの通り」と七重八重に膝を折り、懐より十円を取り出し、「いただくだけの勘定をよろしくお願い奉ります」と申し述べれば、奥で聞いていた西郷は「こちらへ通せ」と居間で丁重に応接し、「日頃は若い者ども（私学校校徒）があれこれ世話になる様子。その十円は取って置きなさい。また折々訪ねて来られるがよい。昔の江戸の話でもゆっくり聞きたいものです」と思いがけない言葉をかけられ、喜兵衛は感涙にむせぶようにして立ち返ったという。（要約）

当時、東京神田の老舗神田川のうな重（並）が二十銭。十円で五十人分食える（『値段の明治大正昭和風俗史』）。警視庁巡査の月給が六円から十円だった。代金十円は常識外れの金額だ。「さすが西郷どん、やることが普通の人とは違う」といったところだろう。

同じような蒲焼の話はほかにもある。

○鹿児島城下、八坂《やさか》神社のすぐそばに二階建ての鰻屋があった。主人は平田源吉という。ある秋の夕暮れだった。狩羽織を着た肥った男が犬を連れてやって来て、鰻蒲焼きを一皿注文した。源吉は奥山の猟師だと思って、鰻の尻尾を一、二焼いて出すと、その肥満漢は喜々として犬に食わせ、盆の上に半紙包を置いて出て行った。源吉が包みを開くと、五円紙幣が一枚出て来た。大金に驚いて八坂神社の神主に相談に行くと「西郷先生に違いあるまい」とのこと。源吉が西郷邸を訪ねると、先生は「その方に払った金はその方のものなり。正直な男じゃ」と申されて、手作りの大根を下された。（『南洲翁逸話』）

源吉は西郷に見込まれ、薩軍本営の厨房係となって西南戦争に同行した。それにしても、なぜ蒲焼代を黙って置いてくるのか、西郷の気持ちがわからない。蒲焼の話はまだある。

○ある時、翁は犬を連れて鰻屋に寄り、鰻丼を注文した。出来上がると、すぐ庭に投げて犬にやった。もう一杯、もう一杯と三杯犬にやったので主人が「もうごわはん（もうない）」といった。男は食わずに立ち去った。不届きな奴だと思いながらあと片づけに行くと盆の下に五円置いてあった。（伊作、池上成房談）

まだまだある。

○桜島に行く途中、三、四人連れで広馬場《ひろばば》の鰻屋に寄った。人にも犬にも一人前ずつ食わせ、勘定する時「こまかいのがないのでしばらく貸してくれ」といわれたが、「どこの人とも知れないのに貸されぬ」というので「しからば」と百円札を出した。あとで西郷殿とわかり、鰻屋は恐縮して桜島まで来て供に釣銭を渡した。（西郷家奉公人、中間長四郎談）

京都祇園のお茶屋でも、西郷は芸者遊びをしないで犬に鰻飯を食わせて帰った。自分の犬にうまいものを食わせてやりたい気持ちはよくわかるが、鰻屋での支払いの仕方は腑に落ちない。家にお金を届ければ「正直な男じゃ」とほめてつかわす。これでは人試しではないか。

西郷はわかりにくい。しかし、そのわかりにくさの中に西郷の行動を解明する手掛かりがあるように思う。

●児孫のために美田を買わず

西郷は戊辰戦争のあと永世賞典禄《えいせいしょうてんろく》二千石を下賜《かし》された。参議時代は月給五百円、陸軍大将になって月給六百円をもらっていた。東京では自宅に寄宿する書生のためには金を使ったが、自身は贅沢をしなかった。月給は家僕の永田熊吉にそのまま渡し、熊吉が管理していた。東京での西郷の生活費は十五円を超えることがなかったという。

下野して鹿児島に帰り、若手士族の教育、訓練のために多くの資金を投じたが、それでも手元に多額の金があった。西郷は自分の子供たちのために財産を残す気はなかった。

日当山村の小田伝兵衛は十七、八歳のころ、村のはずれで「兎のいるところは知っちょらんか」と見知らぬ大男から声をかけられた。名前も知らぬまま一週間ほど鹿児島から来た旦那の兎狩りを手伝い、〝羅紗《らしゃ》の袖なし〟をもらい、あとでその人が西郷隆盛であることを知った。以来、たびたび狩りのお伴をするようになり、西郷家にも出入りした。

伝兵衛が鹿児島城下高麗町《こうらいまち(ちょう)》の油屋に用事があって出かけた時、油屋の亭主から「川辺郷で一等の田地が売りに出ちょるが、だれか買い手はなかろうか」と相談された。帰りがけに寄った西郷邸でイト夫人にその話をすると心が動かされたようだった。以下は伝兵衛がイトから直接聞いた話である。東幸治『傑人記』に載っている。

○夫人が川辺の田地の話をしたとたん、西郷翁の顔色が変わった。
「我が家ではだれが馬鹿か」

意味がわからずイトが黙っていると
「どの子の魂が入らぬか」

と詰問《きつもん》した。そこで翁は居ずまいを正し、おもむろに口を開いた。

「自分は今遊んでいるけれども、何不自由なしにこんな暮らしができるのは、そもそもだれの御恩であると思うか。みな人民の頭にかかった税金を貰って生活しているのだ。人民が汗水たらした税金を貰って、その日を安楽に生活している自分は、外に出歩いて人に遭うことさえ面目ないように思っている。自分がいまだ絹の衣装の暖かさを知らないのは、それを思っているから着ようとも思わないのだ。着る気にもなれないのだ」

数日たって、翁は夫人を呼び、話の続きを始めた。

「親から金を貰って書生をする子供は尋常一様の書生である。人がせぬような書生をする奴でなくては、将来身を世に処してからうまくいかない。自分らがちょっと外出すると、道でたくさんの貧乏人に遭うじゃろう。彼らもみな政府に税金を納めているかと思うと、自分は身を切られるように心苦しく思う。しかるに彼ら貧家の子弟こそ、本当に国家の柱石《ちゅうせき》となるのである。深く考えてみると、良か物を食べ、良か服を着、良か家に住もうなどと思うのは元来間違った意見じゃ。自分の家に馬鹿息子がおれば、田も買わねばなるまい。魂の入らぬ子供がおれば畑も買っておかねばなるまい。けれども幸いなことに我が家は人並みの子供が生まれているから、そんな余計な心配をする必要がない。成長したら銘々《めいめい》がそれ相応に自活の道を立てていくだろう」

翁はこういう意味のことをしみじみと話した。夫人も自分の浅はかな考えが恥ずかしくなってお詫びを申し上げた。

明治四年、山形の旧庄内藩家老・菅実秀《すげさねひで》らが東京で西郷と懇談した時、西郷は自作の七言絶句《しちごんぜっく》を書き示した。

幾歴辛酸志始堅　いくたび辛酸《しんさん》を歴《へ》て志《こころざし》始めて堅し
丈夫玉砕愧甎全　丈夫《じょうぶ》（立派な男）玉砕するも甎全《せんぜん》を愧《は》ず（瓦のように何もしないことを恥じる）
一家遺事人知否　一家の遺事（我が家訓）人知るや否や（知っているかどうか知らない）
不為児孫買美田　児孫《じそん》のために美田《びでん》を買わず

「もしこの言に違《たが》いなば、西郷は言行反したるとて見限られよ、と申されけり」（『南洲翁遺訓』。漢詩の読み下しは『西郷南洲選集』による）

西郷は自分が大金を持っていることを申し訳なく思っている。子供のために財産を残す気はなく、庶民からいただいたお金は庶民に返すべきだと考えている。いつも自分のために働いてくれる犬たちにも、うまくて栄養になるものを食わせてやりたい。自分は食わなくてもいいのだ。ただ多すぎる蒲焼代を支払っても受け取ってくれないから黙って置いて帰る。そう考えると、わかりにくい蒲焼代支払いの件も、少しわかる気がする。

第四章

官職を辞し、故郷で犬との日々

1　兎狩りと温泉ざんまい

●征韓論争から身を引き、下野

明治六年十月、西郷隆盛は征韓論争に敗れ、辞表を提出、下野《げや》した。

征韓論は、明治新政府が送った国書の受け取りを朝鮮が拒否したことから始まる。国書の中に朝鮮を下に見る表現のあることが拒否の理由だった。日本はそれを非礼とした。すでに開国した日本と鎖国を続ける朝鮮との関係はこじれ、釜山の大日本公館（倭館《わかん》）前に日本を誹謗《ひぼう》する札が立てられ、これをきっかけに即時派兵の強硬論が台頭した。

西郷は直ちに武力を用いたりせず、相手の非をただすことが先だと主張した。「自分を全権特命大使として朝鮮に送り込んでほしい。私は兵を率いず、単身で朝鮮に行く。もし自分が暴殺されるようなことがあれば、その時に派兵すればよいではないか」（板垣退助宛の手紙）。西郷の意見は八月十七日の閣議で承認され、天皇の内諾を得たが、のちに欧米視察から帰った岩倉具視、大久保利通らの反対で覆される。

西郷は単純な武力討伐を主張したわけではない。まず話し合うべきだと当たり前のことをいったにすぎない。特命全権大使が相手国に「暴殺」されれば戦争になるかもしれない。これもまた当たり前のことをいったにすぎない。西郷は「征韓論」ではなく「遣韓論」を主張したのであって、「征韓論争」という政治闘争に嫌気がさして下野したのだ。「征韓論に敗れた」というきわめて常識的な歴史評価も正しいとは言い難い。「敗れた」のではなく、「一方的に身を引いた」のである。権謀と物欲がうずまく東京生活に嫌気がさしたに違いない。「あとは欧米を見聞してきた皆さん、やってみてごらんなさい」というところだろう。

西郷には帰るべき故郷の大地があった。犬を駆り、兎を追い、獲物はみんなで食す。家族も温泉に連れて行ってやりたい。国事について忘れたわけではないが、鹿児島に帰ることに躊躇《ちゅうちょ》はなかった。帰るべきところがあるのは幸せだった。しかし幸せは不幸と裏表だった。西郷がそのまま東京にいれば西南戦争は起こらなかったはずだからだ。

「征韓論は時期尚早」と主張していた岩倉・大久保政権は明治八年九月、軍艦を朝鮮漢江河口の江華島《こうかとう》付近に測量名目で侵入させ、朝鮮側の発砲を口実に永宗島を攻撃し、戦利品として大砲三十八門を奪った。西郷は江華島事件について篠原冬一郎《とういちろう》（国幹《くにもと》）への手紙の中で「朝鮮に断らずに測量をした上、彼らを蔑視《べっし》し、発砲されたから応砲したと申すのは、これまでの交誼《こうぎ》上、実に天理において恥ずべき所為である」と述べ、まず相手とやることは「戦端」を開くことではなく「談判」であると書き送っている。征韓論争の時と同じく西郷の主張は「遣韓論」だった。

西郷が征韓論争で何を主張したのか、世の人々は知らなかった。新聞が報道しなかったからである。明治政府が報道を規制したからである。征韓だ、討伐だと世の壮士たちが騒ぎ立てるばかりだったからである。

明治新政府は文明開化を推進したが、新聞の「言論」を認めなかった。戊辰戦争後は佐幕系の新聞を弾圧し、明治二年の「新聞紙印行条例」で「政治は妄《みだ》りに批評加うるを許さず」と定めた。御政道批判を許さなかった徳川時代とやっていることはさほど変わらない。

明治六年の「新聞紙発行条目」でさらに言論規制が進められ、第十条で、国体を誹《そし》り、国律について議論し、外国の法を主張宣伝して国法を妨害することを禁じ、第十一条で、政事法律等を記載する時にみだりに論評を加えることを禁じた。

この新聞紙発行条目は十月十九日に布告されたが、その前々日、西郷の大使派遣決定に反対する木戸孝允、大久保利通、大隈重信、大木喬任《たかとう》が参議の辞表を提出し、太政大臣三条実美、右大臣岩倉具視も辞意を表明した。二十日には三条の急病を理由に岩倉が太政大臣代理となり、二十三日に西郷の大使派遣中止を天皇に奏上。西郷は陸軍大将・参議・近衛都督の辞表を提出した。二十四日、天皇は大使派遣の中止を裁可する。西郷は参議・近衛都督の辞職が認められ、陸軍大将と正三位の位記はそのままになった。征韓派の副島種臣《そえじまたねおみ》、後藤象二郎《しょうじろう》、板垣退助、江藤新平は同日参議の辞表を提出し、翌日辞職が認められた。結局新聞は論評も説明もなく、西郷ら五参議が「願いにより本官を免ぜられた」と報じただけだった。

明治八年六月にはさらに罰則が強化された「新聞紙条例」が布告され、最も重い罪として第十三条に「政府を変壊《へんかい》し、国家を転覆するの論を載せ、騒乱を煽起《せんき》せんとする者は禁獄一年以上三年に至る迄《まで》を科す」が加えられた。各地にくすぶる不平士族の動きを念頭に置いた条例改正だった。

西郷は明治十年の西南戦争で賊徒となり、明治二十二年の憲法発布の大赦で賊徒の汚名を解かれた。日本が大陸に進出していく中で、いち早く征韓論を唱えた先覚者として新たな英雄像が創り出され、戦後はまた一転して帝国主義の先駆者として批判された。歴史の評価は時代の感情によって動かされる。

●犬十三匹と鰻温泉

明治六年十月二十八日、西郷は東京を去り、十一月十日、鹿児島に到着し、武村《たけむら》の家に入った。狩りに明け暮れる日々がまた始まる。

明治七年二月十三日、鹿児島に戻って約三カ月、西郷は十三匹の犬を引き連れて、鰻《うなぎ》温泉（指宿市）にやって来た。周囲四キロほどのカルデラ湖（鰻池）に面したひなびた温泉である。十三匹という犬の数は宿泊先の福村市左衛門の妻ハツ子の記憶による。福村家に西郷が来たのは初めてだったからよく覚えている。西郷の犬連れ兎狩り温泉旅行の犬最多記録である。鹿児島の犬に東京の犬が加わったのだろう。

西郷は朝七時ごろ起床して、雨の日以外は毎日狩りに出かけた。猟犬は四、五匹ずつ交代で連れて行った。獲物は兎で、いつも二、三匹は捕獲し、時々は自分で料理し、家主の家族にも分けた。晩酌に少量の焼酎を飲み、夜十一時ごろには就寝した。

二月二十二日、西郷は島津久光の呼び出しを受けて、鹿児島に戻った。佐賀の情勢が不穏なため西郷を東京に呼び戻そうと、内閣顧問として上京していた久光が急遽《きゅうきょ》西郷説得に帰って来たのだ。佐賀では征韓党、憂国党を名乗った不平士族が集まり、前参議江藤新平をかついで十五日に佐賀城内の鎮台兵を襲撃した。

久光は「現今の情勢を傍観することはできない。そのため勅書《ちょくしょ》を戴き、帰って来た。つらつら思うと近年汝《なんじ》とは意見の合わないことが多かったが、これからは同心協力して国家を維持していきたいと思う」と述べた。

西郷は謹んで答えた。「朝命《ちょうめい》の重きを奉じ、旧君が病を押して遠く来《きた》り、誠を以て臣（西郷）に論じ、恐懼《きょうく》に堪えません。冷汗が背中にあふれんばかりです。ではありますが、命を奉じることは心安からざるものがあります。廟議《びょうぎ》はついに臣の所見をとらず、臣は職を辞して帰りました。昨今の政府の方針は臣の所見に反し、にもかかわらず（私が復帰して）朝廷が臣の前議（所見）を用いれば、今度は朝令暮改となり、何を以て天下に信を示すことができましょうか。今になっては臣に国家を維持する策はありません。国難に当たる時があれば死を選ぶしかありません。小臣の如き、山野の間に隠遁《いんとん》した者の出るべき筋合いではありません」（「某記録」要約、西郷隆盛全集第五巻）

西郷は鰻温泉に戻った。その間に佐賀で起きた士族の反乱は大久保利通率いる政府軍に鎮圧され、江藤は逃走した。

三月一日午後七時ごろ、突然、西郷を訪ねて来た人がいた。福村ハツ子の記憶によると、背は低いが、眼は大きく鋭く、常服で袴も着けず木履《きぐつ》を履いていた。江藤新平だった。政府軍に逆襲された江藤は漁船で佐賀を脱出し、再起を期して西郷を訪ねて来た。

二人は一時間ほど話し合ったあと、江藤は隣の福村正左衛門宅に一泊した。翌朝八時ごろ再び西郷を訪れ、長い時間懇談していたが、話が進むにつれ二人の声が大きくなった。西郷は遂に腕をまくり上げ、「いく度言っても己の言を諾《だく》せざれば（私のいうことを承諾しなければ）、当てが違います」と大声で叱咤《しった》したという。その様子は福村の妻ハツ子が垣間見ていた。江藤は恐縮して退座し、隣家でもう一泊したあと出発した。

江藤が期待していたのは征韓のための兵を西郷が起こすことだった。当然政府に反旗をひるがえすことになる。しかし、西郷は内戦を始めるつもりがなかった。

江藤はこのあと四国に渡り、土佐の立志社と手を結び再起を図ろうとするが、受け入れられず失敗。官憲に逮捕され、佐賀で処刑された。

三月十六日、西郷は鰻温泉を出発した。西郷は福村に「犬を一匹やろうか」といったが、「犬は怖いからいらない」と断られた。「それなら」と西郷は着ていたフランネル（毛織物）の襦袢《じゅばん》を脱いで記念に与えた。この襦袢は今も福村家に家宝として残されている。

西郷は「これから垂水《たるみず》に行くが、人が来ても知らないと答えなさい」といって出て行った。

●犬連れ温泉の旅、三カ月

西郷は鰻温泉に近い指宿・山川港《やまがわ》から垂水に渡り、ここから桜島の黒神《くろかみ》に向かったようだ。桜島は大正三年の大噴火で陸続きになったが、この時の噴火で黒神は大被害を受け、溶岩流で六百八十七戸が埋没した。

伊作の中間長四郎は西郷家の下僕をしていた人だが、大正十五年から伊作町教育会が行った『西郷南洲翁伊作来遊事跡調査』で質問に答えている。下野後の最初の兎狩り旅行は長四郎十八歳のことで、質問を受けたのは六十九歳の時だったが、記憶ははっきりしている。

「（征韓論で下野した）明くる年の一月末ごろ（旧暦）であったか、熊吉、市（市太郎）、矢太郎、私の四人が供をして、犬六匹を連れ、初め桜島黒神」に渡ったと長四郎は述べている。福村ハツ子の記憶によれば、西郷が鰻温泉を去ったのは旧暦一月二十八日（新暦三月十六日）だから、長四郎の記憶する「一月末ごろ」と符合する。長四郎は鰻温泉のことは何も語っていないが、ハツ子は「出発前、従者が一人来て旅装などの世話をした」と述べているので、この従者が長四郎だと思われる。十三匹いたはずの犬は桜島黒神では六匹なっていた。ほかの従僕が連れ帰ったのかもしれない。

以下の行程は長四郎の記憶による。西郷は黒神に三、四日滞在し、船で指宿に戻り、この地の二月田《にがつでん》温泉に一週間滞在した。それから枕崎まで歩いて行き一泊。翌日は加世田《かせだ》（南さつま

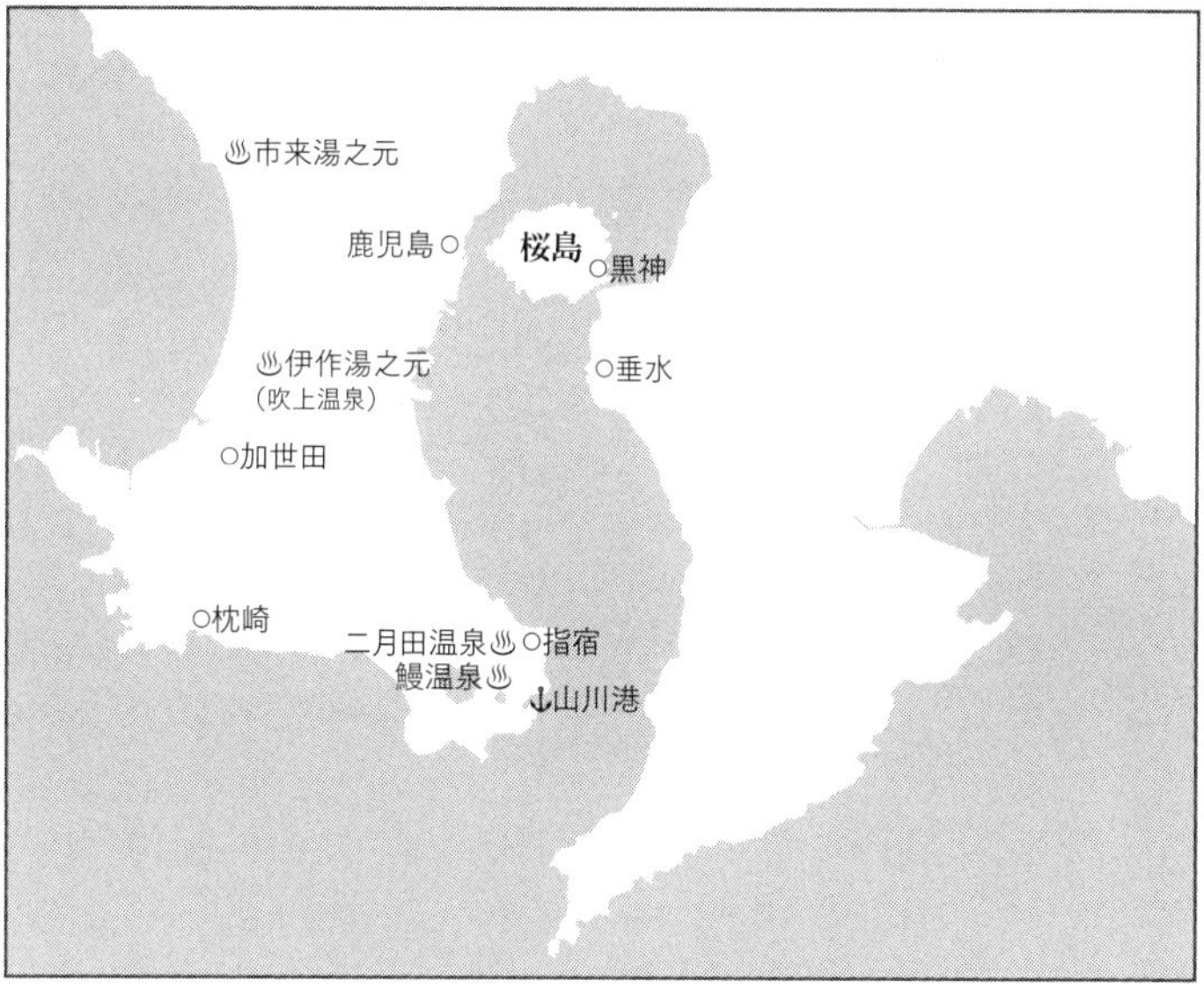

当時、桜島と陸はつながっていない

市）で島津家中興の祖・島津忠良《ただよし》を祭る日新様《じっしん》（竹田《たけだ》神社）に参拝し、伊作湯之元の湯治小屋に宿泊した。ここには三十余日、ずいぶん長く滞在した。（家主の孫・田部義行《たべよしゆき》によると、西郷の滞在期間は四十二日だったという）

「旦那の服装は今の厚司《あつし》（厚手の綿織物）のような形の毛織物を着られ、狩帽子をかぶられ、股引きを着け、鷹野《たかの》（狩り用）足袋をはき、山草履《やまぞうり》をはいておられた」

西郷は狩りをして、温泉につかり、田園生活を心ゆくまで楽しんだ。西郷に接した村人の話がいくつか残っている。

○私が十九歳の時だと思う。湯之元の所湯《ところゆ》（共同湯）に行き湯に入っていると、男女混浴ですから、肥大巨眼の人が入ってこられた。この人が前もって聞いていた西郷さんだと思い礼をすると「はい」と答えて丁重に答礼をされた。（浜田クニ談）

○十五歳の時だと記憶している。所湯に入浴していると、相撲取りのような人が入ってきた。その偉大な体に見とれてしまった。（宮原五郎談）

○祖母つるは活発なる性質で、翁に「西郷さん、お前さまはその大きな体で狩りに御出でになりますか」と問うたところ、翁は笑って「ハイ」と答えられた。（田部義行談）

○犬が何頭も来ていると聞いて子供たちで見に行った。西郷さんは井戸で水を飲み、ブンタンの木の下で帯を締め直して城山に登った。（川辺道綱談）

西郷は伊作からさらに市来《いちき》湯之元に行き、狩りをして一週間ほど滞在したが、親類の市来家に病人が出たと連絡を受け、鹿児島に戻った。約三カ月にわたる犬連れ兎狩り大温泉旅行だった。

2　私学校設立

●私学校と農地開墾

政府に辞表を出して鹿児島に帰った西郷の後を追って、薩摩出身の近衛兵も次々と下野し、陸軍、警視庁、政府吏員にも同調し帰国する者が続出した。

市ヶ谷の兵学寮（現防衛省）には薩摩の兵隊が多数いた。水戸藩の儒学者を祖父に持つ山川《やまかわ》菊栄《きくえ》（婦人運動家）は母親から「兵学寮には西郷部下の兵隊がいっぱいおり、そのために牛込《うしごめ》から四谷一帯にかけて犬猫が姿を消した」（『おんな二代の記』）と聞いた。犬猫を食べてしまうのだ。「西郷さんが征韓論にやぶれて国に帰ると、その兵隊もあとを追ってひきあげてしまい、あのあたりにまた犬猫の姿が見えて平和をとり戻した」という。

鹿児島県は職のない六百余人の青年士族を突然抱え込んでしまった。この問題を解決するために西郷が鹿児島県庁に諮《はか》り、明治七年六月、県費で設立したのが私学校である。

私学校には銃隊学校と砲隊学校があり、銃隊は篠原国幹（陸軍少将、熊本吉次《きちじ》で戦死）が監督、砲隊は村田新八（元宮内大丞、城山で戦死）が監督し、ほかに儒学の講義があった。さらに鹿児島各地、百二十四郷に私学校の分校が設けられた。

西郷自筆の私学校綱領は、鹿児島の本校だけでなく、それぞれの分校にも掲示された。西郷の目指すものがここに集約されている。ただし文章は短いが、わかりやすいとは言い難い。自筆の綱領は執筆時期によって微妙な差異があるが、典型的なものを現代文にして掲載する。

道を同じくし、義を合わせて、ひそかに集合する。そこでこの理を研究し、道義においては一身を顧みず、必ず行うこと。

王を尊び、民を憐れむ（慈しむ）ことが学問の本旨である。そうであるならば、この天理を究め、人民の義務を実行する時は、ひたすら難に立ち向かい、一同の義を立てるべきこと。[注3]

この文章は難解である。「道」とは何か、「義」とは何か、「天理」とは何か、「人民の義務」とは何か、「難」とは何か、「難にあたり」「義を立つべき」時はいつなのか、それがわからない。

私学校に併せて、子弟の教育機関である賞典《しょうてん》学校も西郷は設けた。戊辰戦争が終わったあと、政府は功労者に賞典禄（賞与）を与えたが、西郷が二千石、大山綱良（鹿児島県令、薩軍に県費を提供した罪で死刑）が八百石、桐野利秋が三百石の賞典禄全額を学校資金として寄付した。

士族対策として西郷が手掛けた事業がもう一つある。農地の開墾だった。明治八年四月、元陸軍教導団（士官学校）の生徒約百五十人で吉野開墾社《よしのかいこんしゃ》（鹿児島市吉野町）を設立し、鹿児島郊外の薩摩藩牧場跡の開墾を始めた。

薩摩はもともとほかの藩に比べ武士の数が圧倒的に多かった。俸禄や知行所からの収入では食えず、多数を占める下級武士・郷士は自ら農業をすることで生活を支えていた。

明治四年　鹿児島県士族二〇万三七一一人、平民五六万八六四三人。
　　　　　士族比率は約二六％。四人に一人が士族だった。
明治六年　全国の士族一八九万五二七八人、平民三一一〇万六五一四人。
　　　　　士族比率約六％。一七人に一人が士族だった。（『鹿児島市史第1巻』）

鹿児島では、士族の若者が農地を開墾することに抵抗感があまりなかった。西郷自身も若者に交じって開墾作業に汗を流した。吉野町に「駄馬落《だばらく》」というバス停があるが、ここに現存す

（注3）原文＝道を同《おなじう》し、義相協《ぎあいとどの》ふを以て暗《あん》に聚合《しゅうごう》せり。故《ゆえ》に此理《このり》を研窮《けんきゅう》し、道義においては一身《いっしん》を不顧《かえりみず》、必ず踏《ふみ》行ふべき事
王を尊び、民を憐《あわれむ》は学問の本旨。然《しか》らば此天理を極め、人民の義務に臨みては、一向難《ひたすら》にあたり、一同の義を可立事《たつべき》

西南戦争銃撃戦の弾痕が多数残る私学校の石垣（現国立病院機構鹿児島医療センター）

る石柱「駄馬落」には「積荷は唐芋《からいも》　曳手《ひきて》は西郷南洲翁」と刻まれている。西郷が種芋二俵を買い、馬に積んで運ぶ途中、馬が道路下の畑に転がり落ちた場所だ。

私学校は外国と紛争が起きた時に備えて設立された。吉野開墾社は薩摩士族子弟のために設けられたが、目的は同じである。南下政策を続けるロシアとの紛争を意識している。しかし、政府に軍隊があり、鹿児島に政府が統御できない別の軍事組織がある、この二重構造が抱える矛盾を解消できないまま西郷は突っ走ってしまった。

●宮崎の白鳥温泉への旅

私学校設立の翌月、明治七年（一八七四年）七月十三日、西郷はまた犬連れ兎狩り温泉旅行に出かけた。この時、鹿児島から浜之市（霧島市）に向かう船の中で、猟銃を置き忘れたことに気づき、武村の自宅に同居している弟の小兵衛に船中で手紙を書き、浜之市まで銃を送ってくれるよう頼んだ。日当山温泉に行く時はいつも浜之市まで船で行き、ここから五キロほどの道を歩いて行く。おそらく西郷は日当山でいつも泊まる龍宝伝右衛門家で銃が届くのを待ったと思われる。

この時の狩り旅行の最終目的地は霧島の最高峰韓国岳《からくにだけ》（一七〇〇メートル）のさらに先にある白鳥《しらとり》温泉（宮崎県えびの市）だった。八月十一日付の篠原冬一郎（国幹）宛の手紙によると、途中雨にたたられ十七日目に白鳥温泉に到着した。日当山から白鳥温泉に行くには、かつて坂本龍馬夫妻が泊まった塩浸《しおびたし》温泉経由で行くか、霧島神社（神宮）経由で行くか、どちらかだが、どちらも西郷の見知った道だ。途中で狩りをしながら行ったのだろう。

篠原に手紙を書いた前日、西郷の甥が東京から来た手紙を白鳥温泉に届けた。西郷はこの手紙を篠原に回し、さらに「東京から来た手紙はそちらに回送するよう手配したので、開封してかまわない」と篠原に伝えた。「（政府の）探索方がいろいろ心配しているようですが、余計の御心労かと考えます。幼年生徒の議論ぐらいのことを大げさに申し伝える者がいるのでしょう。探索を商売にしているので、小事《しょうじ》も大きくしてしまうものと見えます。笑ってやって下さい」と西郷は手紙に書いた。

八月末には台湾出兵後の清国との談判について、篠原経由で報告書が届いたようで、八月三十一日付の篠原宛の手紙には「本書とくと拝見いたしました。話の種にはなるでしょうが、当地は山中で相手は犬だけですので、お返しします」と書いたうえで、清国との交渉について「戦いにはならないだろう」と私見を述べている。

白鳥温泉には十月まで二カ月以上滞在した。西郷の「温泉即景」と題した漢詩の第一行に「官途《かんと》逃れ去って遠く奇（霊境の景色）を捜《さぐ》る」とある。権謀術策の東京を逃れて鹿児島に帰り、若者たちの教育に未来を託し、政事との交渉を避けて霧島山中奥深く「霊境」のような温泉に来ても、まだ西郷を俗塵《ぞくじん》の世界に引き戻そうとする人々がいる。西郷もまた「霊境」にいながら、実は「国事」を忘れたことがない。

下野後、西郷は大久保との音信を絶った。鹿児島で血気盛んな若者に囲まれている西郷は、政府にとって危険な存在だった。大久保は西郷を東京に呼び戻そうと、さまざまな手を打った。

明治七年十月、大久保は欧州留学中の大山巌《いわお》（西郷の従弟）を呼び戻し、鹿児島に行かせて西郷が上京するよう説得させたが、失敗した。

明治八年五月には上京を促す太政大臣・三条実美の書簡が西郷に届けられたが、西郷は軽く一蹴した。

3　庄内からの来訪者

●庄内の菅実秀ら西郷を訪ねる

山形・庄内藩にとって西郷は藩の苦境を救ってくれた大恩人だった。戊辰戦争の時、最後に降伏したのが庄内藩だった。同盟を結んでいた会津藩は戦後処分で斗南《となみ》藩（青森県）に転封《てんぽう》となり、藩の石高は実質二十八万石から三万石に減らされた。幕末、京都守護職を務めていた会津藩に対する長州の報復処分だった。一方、江戸市中取締役として薩摩藩邸を焼き討ちした庄内藩は十七万石が十二万石になり、七十万両を政府に献金することになったが、転封されず、大泉《おおいずみ》藩として存続することが許された。

「順逆を知りて帰順せし以上は兄弟も同然なり」

寛大な処分は西郷の意向だった。藩主、藩士はそのことを終生の恩義とした。

明治三年十一月、藩主酒井忠篤《ただずみ》以下七十数名が鹿児島に行き、西郷から兵学を学んだ。

この時、藩士から「ぜひ狩りに連れて行ってほしい」と頼まれ、大隅半島の内之浦《うちのうら》（肝付《きもつき》町《ちょう》。145ページの地図参照）に狩りに出かけている。

明治七年十一月には菅実秀《すげさねひで》（元家老）の指示で、赤沢経言《あかざわつねこと》、三矢藤太郎《みつやとうたろう》が鹿児島を訪れ、約二カ月滞在して西郷の教えを受けた。二人はのちに西郷の言葉を『南洲翁遺訓』にまとめ、旧庄内藩士は『遺訓』を風呂敷にくるみ、手分けして全国を行脚して配り歩いた。『遺訓』にこんな一文がある。

「翁に従って犬を駆り、兎を追い、山谷を跋渉《ばっしょう》して、終日狩り暮らし、一田家《でんか》（田舎家）に投宿し、浴（入浴）終りて心神（心身）いと爽快に見えさせ給い、悠然として申されけるは、君《くん》子《し》の心は常に斯《か》くの如くに有らんと思うなりと」

一日中、狩りをして、風呂で体を温め、身も心も爽快になる。思わず西郷が「君子はいつもこういう気持ちなのだろう」とつぶやいた。庄内の二人は西郷に連れられ、大隅半島の中央部、志布志《しぶし》湾に面した波見《はみ》（肝付町）に宿泊し、内之浦、高山《こうやま》（同町）一帯で鹿《しし》（猪）狩り、兎狩りをしている。この時は村の青年三十人ばかりが狩りに参加し、山中で一泊。翌日鹿を一頭仕留

旧庄内藩士は西郷の書を飾ってその命日に祭典を行ってきた。明治の終わりごろ、書だけでなく「先生の真像」を掲げることになり、菅実秀に同行して西郷に会い、絵の巧みな石川静正《いしかわしずまさ》が描画を担当した。記憶に基づいて描いた絵をイト夫人、長男寅太郎らに見てもらい、修正しながら大正2年に完成した。

旧庄内藩士石川静正画　個人蔵（鹿児島県歴史資料センター黎明館保管・寄託資料）

め、西郷もご機嫌だったという。

明治八年五月、酒田県権参事《ごん》の菅実秀が元庄内藩士七人とともに西郷を訪問した。旧庄内藩では西郷の助言もあり、廃藩置県後の武士の生活を自立させるため大規模な養蚕場《ようさんじょう》（松ヶ岡開墾場）の造成を始めていた。

菅は下野後の西郷がどうするつもりなのか、そのことが気になっていた。世間では、もし西郷が反政府で決起すれば、庄内も行動をともにするのではないかという憶測がささやかれていた。世間の騒ぎ、思惑をよそに、西郷は犬を連れて温泉場に逗留し、兎狩りを続けていた。菅が西郷邸を訪ねた時も、手紙で連絡をしておいたはずなのに西郷は狩りに行って留守だった。

「遠方に行き、いつ帰るかわからない」という話だった。

翌日、菅がかつて鹿児島で砲術の指導を受けた児玉八之進《こだまはちのしん》（西南戦争八代《やつしろ》で戦死）を訪ねると、児玉は「政府から役人が来たので、それを避けて狩りに出ておられる。役人が帰れば直ちに帰宅するので、少しの間お待ちください」といった。五、六日たって、突然西郷が宿を訪ねて来た。木綿の細縞の単衣《ひとえ》に、木綿の袴、短い脇差を差していた。西郷は高価な絹は身に着けなかった。

西郷は私学校を設立したいきさつを話し始めた。

「征韓論の折、兵隊が怒って、三条公のやり方が悪い、まず三条公を撃たねばならぬというので、それはおれが生きている間はならぬ、もし聞かずにやるというのなら、まずおれを斬れと

武村（鹿児島市武二丁目）の西郷邸跡。「徳の交わり」と題し、西郷隆盛（右）と菅実秀が語り合う像が立っている。屋敷は西南戦争で焼失した。

いって、この首を投げ出しました」といって西郷は首に手を当てた。

「国に帰ったあと隊の者が、政府に尽くす心はないが、国民たるの義務に斃《たお》れたいと申し出したので、その義務というものははなはだわかりにくい、心ある者より義務に斃れるべき人であったといわれるようになるには、道を学ぶより外にないと、私学校というものを建ててやっております」

「ある時は、討薩論が政府でやかましいからぜひ東京に出てこいということだったが、鹿児島を討つべき罪があるというならお討ちなさい。きっと戦いましょうといってやった。三条公からも使いが来て、ぜひ東京に出てきて骨折ってもらいたいと丁寧な言葉でいわれたが、アホじゃないか、と三条公にいってくれといったら、こんなことは申し上げられないというので、お前は取次が役目じゃないか、何も申し上げられんというはずはなかろう、というてやりました」（石川静正『明治八年薩摩紀行』）

菅を除く一行七人は西郷から直接教えを受けることになり、武村の西郷邸を訪れた。屋敷は柴垣で囲まれ、門の柱は細く、小さな木札に西郷吉之助と書いてあった。門の右手は物置小屋で、ここに犬がつながれていた。左手が家の入口だが、土間になっていて、訪問の人は庭の方に回り、ここから座敷に上がっていた。座敷からは桜島の絶景が見えた。壁にはワシントン（米初代大統領）、ナポレオン（仏皇帝）、ペートル（ピョートル露大帝）、ネルソン（英海軍提督）の絵が掛けられていた。

庄内の一行は見なかったようだが、実は西郷の居間にはリンカーンの絵と犬の絵が飾ってあった。人からの贈り物を受け取らなかった西郷は犬の絵は喜んで受け取ったというから、その中の一枚だろう。この絵を見た人の話では、雪の中で犬が人を助けている絵だったという。この犬の名前はバリーといって、ヨーロッパでは最も有名なアルプスの救助犬だ。バリーはアルプス越えの峠にあるサン・ベルナール修道院に飼われていて、大雪で遭難した人を四十人以上助け出したといわれる。セント・バーナード（サン・ベルナール）の名前を有名にしたのがバリーだった。剝製《はくせい》がスイスのベルン自然史博物館にある。多くの人の命を救った犬の話に、西郷が心打たれた姿が目に浮かぶようだ。

●庄内一行、桐野利秋と兎狩り

西郷とともに下野した桐野利秋は町中から北に四里半（約十八キロ）ほど離れた吉田村（鹿児島市本城町《ほんじょうちょう》）で自ら鋤鍬《すきくわ》をふるい、農地を開墾した。芋はもちろん、田を開き、米作りを始め、桑を植え、養蚕を手掛けた。

桐野は豪勇だとか、粗暴だとか、無学だとかいろいろいわれるが、それは人の一面でしかない。刀を振るっているだけの粗暴な人間には農業はできない。江藤新平とともに逃げて来た旧佐賀藩士、石井貞興《さだおき》と徳久幸次郎《とくひさこうじろう》を吉田村の炭焼き小屋にかくまい、官憲の追及から救った。

情にも篤《あつ》い。二人は桐野の恩に報いるため西南戦争に従軍し、石井は戦後処刑、徳久は戦死した。

桐野と二人だけで話をした菅実秀は「桐野氏は世上にては大言壮語をする人のようにいわれているが、今日話されたところを見ると、よほどしっかりしていて、道理の奥底までみな覚えておられた」と石川静正に語った。

庄内一行は桐野から吉田村の開墾地に招待され、石川ら六人が出掛けることになった。朝、桐野宅に寄ると、桐野は前日すでに出発していて、案内人が待っていた。上り下りの多い道を五時間近くかけて吉田村に到着した。桐野の家は沢あいの一番奥、都城《みやこのじょう》郷士の家の脇にあった。四畳半二間にお勝手があるだけの小さな家だった。

昼飯は自作の芋を使った芋飯とその日採ったばかりのタケノコ汁。夜は開墾地から芋を掘ってきて芋飯と豚汁、タケノコ田楽。風呂に入り、いろいろ夜話をする。菓子は黒砂糖。

翌日の朝飯は芋飯とタケノコ汁。昼飯は手作りの餅米入りの芋飯と米ばかりの餅。「これまた結構なることなり」と同行の小華和業修《おばなわぎょうしゅう》『南洲翁訪問記』（雑誌『敬天愛人』5号、西郷南洲顕彰会）に記されている。質素だが、心づくしの歓迎だった。

昼過ぎに雨が上がり、犬五匹を連れて兎狩りに出た。桐野と都城郷士がわなを仕掛けながら山を上っていく。案内人と犬、庄内一行はそのまま下で待っている。しばらくしてはるか山の上の方で「ハト」が鳴った。西郷も桐野も指笛のことをハトと呼んでいた。西郷のハトは小指を丸めて口の中に入れて吹いた。

ハトを聞いて犬は勇み立ち、案内人が鎖を外すと、一斉に木立の中に消えて行った。しばらくして犬の声がした。二度ばかり兎が出てきて犬が追ったが、結局逃がしてしまった。「桐野氏、今日は折り悪しく、はなはだ残念なりと申されたり。しかしその模様、いかにも勇壮にして面白きものなりし」（石川静正『明治八年薩摩紀行』）。桐野は「明日は猪狩りをしよう」といったが、これは辞退して翌日、一緒に鹿児島に戻った。

兎狩りに興味を持った石川に、桐野は猟犬二匹を贈ったが、二匹とも宿から逃走して姿を消した。「あれは田舎に置いていた犬だから帰ってしまったのだろう」と桐野は平然としていた。帰国直前になって子犬一匹が贈られ、これはよく人になついて船に乗せられた。

西郷の兎狩り好きは人並み外れているが、桐野利秋だけでなく別府晋介（桐野の従弟、西南戦争城山で戦死）も兎狩りをしている。テレビ東京「開運！なんでも鑑定団」（二〇一〇年七月十三日放送）に柔道五輪金メダリストで、格闘家の石井慧《さとし》さんが「親類の所有しているものです」といって、別府を兎狩りに誘う西郷の手紙を出品した。真筆と鑑定されて二百万円の値が付いた。「霧島温泉へ行きますが、同伴しませんか。犬を連れて来て下さい。私も連れて行きます。兎もたくさんいると思いますので、久々に気晴らしをしましょう」という内容だった。[注4]

（注4）新史料につき原文掲載＝拙者儀、本日より霧島温泉へ差越し可申《もうすべく》と存《ぞんじ》候。貴殿は如何《いかが》。御同伴いたし度《たく》、貴殿之御愛犬は御引連被下度《くだされたく》、愚老も元気よき犬を引き連れ申度《もうしたく》、彼地は尤《もっと》も兎も沢山と存候に付き、御互に久々振欝《しんうつ》を散らし可申候。

4　士族騒乱をよそに兎狩り

●神風連、秋月、萩の乱

明治九年十月二十四日、政府の洋化政策に反対する熊本士族百七十余人が蜂起した。神風連《じんぷうれん》を名乗る彼らは熊本鎮台司令官・種田政明《たねだまさあき》、熊本県令・安岡良亮《やすおかりょうすけ》宅を襲って殺害し、さらに武士の魂である白刃を振るって鎮台に攻め込んだ。

この時、西郷は日当山温泉で兎狩りを楽しんでいた。神風連蜂起の連絡を受けた鹿児島警察署長・野村忍介《おしすけ》はすぐさま日当山に向かった。西郷の宿泊先、龍宝伝右衛門宅に着いたのは夜遅くだった。決起前、西郷のもとには「ともに立ち上がろう」と神風連総帥の太田黒伴雄《おおたぐろともお》から誘いがあったが、西郷にはその気がなかった。

「熊本は敬神党《けいしんとう》（神風連）だけの決起に終わるだろう。これからすぐ鹿児島に帰り、壮士たち（私学校）の動揺を抑えなさい。彼らに雷同軽挙させてはいけない」（『薩南血涙史』）

その言葉を聞いて、野村は直ちに西郷のもとを辞した。

野村は元近衛陸軍大尉。西南戦争には小隊長として出陣し、城山の戦いで捕虜となり、懲役十年の刑を受ける。四年後、特赦により釈放。帰県後、鹿児島新聞社を創立した。

神風連の乱が起きて三日後の二十七日、征韓論を主張する福岡の旧秋月藩士約二百三十人が決起した。

二十八日には参議を務めた長州の前原一誠《まえばらいっせい》が萩（山口）で決起し、約三百人がこれに従った。前原は明治二年に大村益次郎《おおむらますじろう》が暗殺されたあと、陸軍の最高責任者である兵部大輔《ひょうぶたいふ》を務めた人物である。士族を軽視する徴兵制度に反対し、征韓論を唱えた。

西郷は相変わらず犬と一緒に日当山にいる。

前原決起の報を聞いて永山弥一郎《ながやまやいちろう》、辺見十郎太《へんみじゅうろうた》、河野主一郎《こうのしゅいちろう》の三人が桐野利秋に伴われ、日当山にやって来た。「大爺《たいや》（西郷）が立つというのなら立つ」と桐野は三人の前ではいったが、西郷に立つ気がないことはよく知っている。

永山が西郷の前で思うところを述べた。

「長州で前原が動いた。その波及するところは大きい。我々も決起して大いに事をなすべき秋《とき》ではありませんか」

西郷が永山に問うた。

「校徒は動揺しているのか」

「いえ」

「君らが先走っているようでは後輩を率いることはできない。前原は騒擾《そうじょう》を起こし、良民は兵《へい》禍《か》に苦しむ。これは実に国家の大不祥事である。であるのに、君らがこの騒ぎにかえって喜色を浮かべるのはどういうことか」（『薩南血涙史』）

永山は恐れ入って引き下がった。

永山は元陸軍中佐。樺太・千島交換条約に反対して下野した。西南戦争では三番大隊長。熊本・御船《みふね》の戦いで重傷を負ったため、農家を即金で買い取り、中に入って火をつけ自殺した。

●西郷の胸中、「天下驚くべきの事を」

日当山で前原決起の知らせを聞いた西郷は、元薩摩藩家老で、維新後は西郷とともに鹿児島の藩政改革に尽力した桂久武（四郎）に手紙を書いた。

下野してすでに三年、鹿児島から一度も出ることのなかった西郷は知らず知らずのうちに全国の情勢にうとくなっている。手紙は西郷の情報不足を露呈している。


この二、三日愉快な知らせを受けました。去る二十八日、長州の前原ら石州口《せきしゅうぐち》（島根）より突出（出撃）したそうです。徳山（山口）、柳川（福岡）あたりからも、人が繰り出したようです。熊本勢はいよいよ船に乗り込みました。熊本の巡査が二人来て、前原らの電報を前にしての話なので、間違いないでしょう。もはや大阪あたりは手に入れたのではないかと思われます。前原は各地に手を廻しておりますので、これから先、あちこちで蜂起するだろうと楽しみにしております。（要約）

西郷の状況判断の悪さはあきれるほどだ。「もはや大阪あたりは手に入れたのではないか」と書いているが、それどころではない。各地の反乱は短期間で鎮圧された。

熊本鎮台（熊本城）に攻め入った神風連は二百六十余人を殺傷した。農民を主力にした鎮台兵は白兵戦《はくへいせん》に弱く、刀と槍だけしか持たなかった神風連にあっけなく城を破られたが、大混乱の末に態勢を立て直した鎮台兵の銃撃の前に一日で鎮圧された。神風連の戦死者二十八人、自刃八十六人。逃走した四人がのち西南戦争に加わった。

秋月の乱は戦いらしい戦いもないまま小倉（北九州市）の鎮台兵に包囲され、あっけなく鎮圧された。戦死・自刃二十一人、逃走した二人が西南戦争に加わった。

萩の乱の前原一誠は十一月五日、宇龍港《うりゅう》（島根県出雲市）で捕縛された。反乱軍の戦死者数多数（詳細不明）。政府軍死傷者七十七人、うち死者二十八人だった。（『西南記伝』ほか）

「これから先、あちこちで蜂起するだろう」という見通しも外れた。手紙はもう少し続く。

この報（前原蜂起の報）は受けましたが、今も（私は日当山に）滞在しています。急いで（鹿児島に）帰っては壮士たちが騒ぎ立てないかと推慮いたし、決してこちらの挙動は人に見せませんが、（前原が蜂起した）今日になってはなおさらのことです。一度《ひとたび》動くことになりましたら、天下驚くべきの事をなそうと、心の中で思っております。この旨、おおまかなお知らせだけですが、以上の通りでございます。謹白。

この手紙を読む限り、西郷はただ漫然と犬を連れ、兎狩りに興じていたわけではない。「一度相動き候《そうら》わば、天下驚くべきの事をなし候わんと、相含み罷《まか》り在《あ》り申し候」（原文）。「天下驚くべきの事」と穏やかではない。立つべき時が来れば西郷は立つのだ。問題はいつ、どのようにして立つかだった。

伊集院（日置市）に本田愛蔵《あいぞう》という地元で有名な学者がいた。西郷をよく知る本田は「西郷の狩りは慰み（趣味）というには度が過ぎている。思う所があったのだろう。彼は肥満する体質だったため、これを防ぐため山野を跋渉《ばっしょう》し、鍛錬し、国家に事ある時は強健なる体をもって奉公しようと考えていたと思う」（『西郷南洲翁伊作来遊事跡調査』）と述べている。その通りだろう。

●騒ぎを避けて、犬と小根占へ

熊本、福岡、萩で反政府の士族が決起した知らせを聞いても西郷は動かなかった。長逗留していた日当山温泉は鹿児島に近すぎる。一月中旬、西郷は犬数匹を連れてさらに遠くに移動した。向かった先は大隅半島の小根占《こねじめ》（肝属《きもつき》郡南大隅町）だ（145ページの地図参照）。日当山から来るには、浜之市（霧島市）に出て、船で桜島の南側を抜け、垂水から海路をさらに南下する。浜之市からは六十キロ近く離れている。小根占の対岸は山川（指宿市）で、今はフェリーで結ばれているが、それでも所要時間は五十分かかる。

宿泊先は小根占の港に近い平瀬十助宅だった。ここには明治八年四月と明治九年二月の二回、兎狩りに来て泊まっている。一度目の時は犬を四匹連れて来た。旅先だから犬は鎖でつないでおく。犬の食事はけっこう贅沢で、卵や獲りたての魚を犬にやった。

小根占に二度目に来た時は黒毛一匹とカヤ毛（茶褐色）二匹を連れて来たが、狩りに出たままカヤ毛のメス二匹が帰って来なかった。手分けして探し回ったが、見つからなかった。西郷はかなりしょげていたそうだ。（小根占村神山小学校の調査報告。磯長得三《いそながとくぞう》記す）

西郷は兎狩り用のいい犬がいると、飼い主に頼み込んで譲ってもらうことがよくあった。西郷になつき、言うことをよく聞く犬でも、やはり元の飼い主が懐かしくなって昔の家に戻ってしまうことがある。そのまま行方不明になってしまう犬もいる。

犬には帰家《きか》（帰巣）能力がある。私が調べた日本記録は、江戸時代初期、弘前藩から尾張藩に贈られた猟犬が名古屋で逃げ出し、約千キロ離れた弘前に戻った。世界記録はさらにすごい。一九二四年、米国オレゴン州シルバートンで飼われていたボビーというスコッチ・コリーが旅行先のインディアナ州オルコットで土地の犬と喧嘩して行方不明になったが、四千数百キロ離れたシルバートンに戻って来た。

西郷の犬でも、小松原（南さつま市）の雪、藤川（薩摩川内市）のツン、西南戦争に連れて行った佐志（薩摩郡さつま町）の黒ぶちが元の飼い主のもとへ戻った。小根占でいなくなった二匹の犬のその後はわからない。錦江湾で隔てられた鹿児島に戻ることは難しかったかもしれない。

小根占に来る時はいつも従僕の竹内矢太郎が一緒だった。三度目の小根占には辺見十郎太（元近衛陸軍大尉、城山で戦死）が従った。辺見は前原一誠が蜂起した時に日当山の西郷を訪れ、「動くな」といさめられたが、西郷の身辺が気になり、一緒に兎狩りに来た。

西郷の身長は六尺（一八〇センチ）。鴨居に頭がぶつかるので、家の中ではかがんで歩いた。宿泊先の平瀬十助も背が高かったので、比べてみたら十助が二寸（六センチ）低かった。西郷の左腕に大きな傷の痕《あと》があったので、「どうしたのですか」と十助が聞くと、「二才《にせ》（若者）の時、喧嘩をした時のけがだ」と答えた。西郷をねたんだ若者に突然襲われ、刀で切られた痕だった。西郷は前歯が一本欠けていたので、これも聞いてみると「相撲の時折った」ということだった。囲炉裏端《いろりばた》で冗談を言い合っているうちに、十助と睾丸《こうがん》比べをしたこともある。陰嚢《いんのう》水腫《すいしゅ》の西郷の睾丸は巨大だった。十助も同病だったらしい。

西郷は家の中ではごろんと横になっていることが多かった。十助は兎狩りにも一緒に行ったが、山では西郷の方が足が速かった。犬が兎を追いかける。人も後を追いかける。辺見が追い付いて兎を高々と掲げて見せた。すぐ後を追って来た西郷は「見事、見事」と声をあげて喜んだ。

捕まえた獲物は村人にやってしまうことが多かった。十助の娘フネには狸をおみやげに持っ

日当山温泉♨
○加治木
○浜之市
鹿児島○
桜島
○垂水
錦江湾
○新城
志布志湾
○鹿屋
○高須
○高山
○波見
内之浦○
○大根占
鰻池
♨指宿温泉
⚓山川港
○小根占
▲開聞岳

てきた。フネはその狸を叔父にあげた。「叔父が喜んでいました」と西郷にいうと、「また獲ったときゃ、やるらい。あんとはまだ二才《にせ》どんじゃった（あれはまだ若かった）」と軽口をたたいた。

十四歳になる三次《さんじ》という村の少年はいい犬を持っていたので狩りに同行した。辺見が庭先に転がっている犬の糞を指して「三次、お前食ってみよ」とからかうと、「お前がさき食いやれば食うが」と答えが返ってきた。西郷は「そらそうじゃ」といって大笑いした。（磯長得三記す）

●警視庁中警部、鹿児島に潜入

ある晩、狩りから帰って来た一行が村の雄川《おがわ》橋近くで見知らぬ男と出合った。辺見が「あれはだれか」と村の者に尋ねると、小根占出身の松山という者で、名のあるようなものではないと教えられた。辺見は「そうか」とだけいった。

不審人物がいるという情報は鹿児島にも伝わっていて、西郷警護のために四人の若者がひそかに小根占に来て民家に分宿していた。その一人が兎狩りから帰って来た西郷とばったり会った。「お前たちは何をしに来られたか」と聞かれ、とっさに「猪狩りに参りました」と答えた。

西郷在宅の日、四人は挨拶のため十助宅にやって来た。部屋に通された四人は神棚の下に立てかけてあった猟銃を手に取って見ていたが、突然暴発し、弾が天井板を打ち抜いた。四人は

小根占　西郷南洲翁宿所(平瀬十助宅跡)

小根占　平瀬十助宅の弾痕跡

写真は2点とも南大隅町教育委員会提供

「切腹してお詫びしたい」といったが、西郷は平然としていた。「腹を切ったなら痛かろよ。血が出るもんじゃが、そげん馬鹿なことをしやるには及ばん」。そういって、呵々大笑《かかたいしょう》した。四人は恐縮して西郷のもとを去った。

西郷が宿泊した平瀬十助宅は今もそのまま残っている。天井の弾痕もそのままである。

辺見が雄川橋で見とがめた男は、松山信吾という警視庁の中警部だった。反政府運動を抑えるため警視庁が休暇帰郷を名目に鹿児島に送り込んだ警察官の一人だった。松山は翌月の二月十四日、東京に戻り、その日のうちに口頭で鹿児島の情勢を上司に報告している。西南戦争が勃発する前日である。『松山信吾鹿児島実地見聞新誌』（筆記者・大山綱昌《つなまさ》）にその行動が詳しく記されている。

松山は一月九日に神戸から三菱汽船の船に乗り、十一日に鹿児島に到着した。ほかに警視庁関係者が七人いたが、上陸後は単独で宿をとった。

十五日に船で鹿児島を立ち、翌日小根占に入った。最初に訪ねた知人は私学校党だった。郷中、十人のうち八、九人は私学校勢だったが、これにくみしない者もいる。松山が会った坂栄、安楽《あんらく》兼備は「鹿児島県、挙げて賊地となるも、我輩決してかかる頑愚の暴徒に与《く》みせず」といった。

松山の帰郷はすぐ村中に知れ渡った。「探索のための帰郷だから注意しろと指示が出ている」

と下郈《しもむら》愛助が松山に教えてくれた。筆記報告書はすべて実名で記されている。

西郷については次のように記されている。

「鳥浜《とりはま》（肝属郡錦江町《きもつきぐんきんこうちょう》）の中村の持論は、西郷氏は決して無名のことを（名分のないことを）なさざる人物なり。西郷氏はかつて中村の家に来たことがある由」

「県下にて評する所は、私学校党の暴挙を前後に抑制するは西郷一人の力なりと」

西郷が小根占に着いたのは一月二十日ごろだった。松山は、小根占の雄川橋近くで辺見に見とがめられたあと姿を消したが、ひそかに西郷と辺見の行動を見張っていた。

「余、家に帰りて一週間に及ぶころ、西郷氏、僕（下僕）一人を携え、我が郷に遊猟す。続いて辺見も来たり、三十日に於いて、ともに高洲《たかす》（高須、鹿屋《かのや》市）に向《む》いて去れり」

前日二十九日夜、私学校徒数十人が草牟田《そうむた》（鹿児島市）の陸軍火薬局に押し入り、弾薬を略奪する事件が起きたが、二人はまだ知らない。

小根占から北へ約十八キロ、佐多《さた》街道沿いにある高須に、西郷は兎狩りに出かけた。高須のすぐ近く、肝属郡大姶良《おおあいら》村（鹿屋市）に住む小浜弥三次という若い漁師と約束していたからだ。

弥三次は明治九年五月、突然武村の西郷家を訪ねて来た。噂に聞く西郷先生の書がどうしても欲しくなり、鹿児島行きの船に乗った。

「旦那様《さあ》、おじゃんどかい（おりますか）」

イト夫人はどこの土地の人か尋ねてから、弥三次を座敷に通した。西郷は初めて会った男の願いを快諾し、墨をすり、筆をとった。西郷はこういう素朴で飾り気のない若者が好きだった。

道義貫心肝　忠義埋骨髄　宜以談笑於死生之間

（道義は心肝を貫き　忠義は骨髄に埋もれる　よろしく以て死生の間に談笑す）

難しい漢字は読めなくても、書を見て感じるところがあればいい。

「旦那様、時々肝属の辺も兎狩りい、おさいじゃい（いらっしゃる）そうでごあすな。今度おじゃんした時や、ぜひお伴申し上げもそ」

「そや面白てな」（五代香軒寄稿『南洲翁逸話』）

三十日に高須に向かったのは、その時の約束を果たすためだった。

高須には、以前にも何度か兎狩りに来たことがある。宿泊先は高須川沿いの田中吉右衛門宅だった。西郷は犬を八匹も連れてやって来たことがある。犬のかわいがり方は大変なもので、ほとんど寝食を共にするようだった。毎朝犬の背中をなで、櫛《くし》で毛をすいていたという。（鹿屋町の調査報告）

今回は村の重信才助《しげのぶさいすけ》の案内で、兎狩りに行くつもりだった。西郷は途中、大根占で一泊。三十一日午後、大根占から丸木舟に乗って高須に入り、一泊した（坂元英三談）。ところが一日午前、鹿児島から早船が来て狩りは中止になった。西郷は「弥三次は面白て奴じゃった。明日たん、狩りにゃ、連れち行くかんげじゃったドン（連れて行くつもりだった）」と才助にいった。

早船に乗っていたのは西郷の弟小兵衛だった。小兵衛は西郷暗殺計画と火薬庫襲撃事件（弾薬事件）を知らせるため小根占に向かったのだが、途中で寄った高須で西郷と会い、それぞれの丸木舟で急遽小根占に戻ったのではないか。当時十歳だった田中吉右衛門の息子山下喜袈裟《きけさ》の回顧談が『鹿屋郷土史』（昭和十五年刊）に載っている。

「鹿児島から来た船は大きなくり舟（丸木舟）で、漕ぎ手が五人で、迎えの人は背のすらりとした稍《やや》やせ型の立派な武士で、父がこの人は翁の弟だと言った」

『薩南血涙史』は一日早朝、小兵衛は急を知らせるため船を雇い、「六櫓《ろ》を建てて発す。飛舟《ひしゅう》矢の如し数時（数時間）にして小根占に達し」と記している。高須の喜袈裟は「漕ぎ手が五人」といっている。どちらが正しいか、今となっては詮索しようがない。

多くの書物は『薩南血涙史』を典拠にして、小兵衛は直接小根占に到着し、西郷に事件を報告したと書かれているが、私はその場にいた山下喜袈裟の記憶の方を優先したい。

このころ辺見がどこにいたか、これがはっきりしない。『松山信吾鹿児島実地見聞新誌』によると、辺見は三十日に西郷と一緒に小根占から高須に向かったはずだが、河野主一郎の『河野翁十年戦役追想談』によると、弾薬事件発生の翌朝（三十日）、河野は鹿児島の辺見の家に立ち寄ったことになっている。その時、辺見は「（弾薬を）ちっと取るも沢山取るもひとつこつ、五十歩百歩じゃ、いっそ皆おっ取れ」といったという。どちらかの日付が間違っている。司馬遼太郎『翔ぶが如く』は「三十日という日付が正確かどうかはわかりにくい」と書いているが、確かにわかりにくい。

松山の報告書は半月後、東京に帰って直ちに警視庁で聞き取り筆記された。ほぼリアルタイムである。その報告には過剰な装飾がなく、内容は信頼できる。一方、河野の追想談は大正五年に聞き取り筆記されたものだ。しかも小根占から鹿児島に戻った小兵衛が「只今兄(隆盛)と同道して帰りました」と篠原国幹に報告したことになっている。小兵衛が鹿児島に戻ったのは二日早朝で、後述するようにこの時、西郷はまだ小根占にいる。このほかにも河野追想談には明らかな誤りが散見される。記憶違い、または筆記者の聞き取り違いだろう。

松山の報告書どおり西郷と辺見は三十日に高須に向かったという前提でこの稿は書き進めている。辺見は三十一日夜、篠原邸で開かれた弾薬事件と西郷暗殺計画の対策会議に出席している。いきさつは不明だが、辺見は大根占か高須で西郷と別れて船で鹿児島に戻ったことになる。

●火薬庫襲撃事件

火薬庫襲撃事件は西郷が辺見を伴い、小根占から高須に出かける前日、一月二十九日夜に起きた。鹿児島には政府の火薬庫、銃器庫があるが、もともと薩摩藩時代に造られた施設を政府に移管したものだ。弾薬などを運び出す時は県庁に通告することになっていたが、通告なしに政府手配の汽船が弾薬類を船に積み込み、大阪に移送しようとした。鹿児島城下の私学校徒の家に集まって酒を飲んでいた血気盛んな連中が憤激し、五十人ほどの仲間を集め、午後九時、鹿児島草牟田の火薬庫に向かった。彼らは倉庫の扉を破壊して乱入し、弾薬六百箱を奪い去った。

三十日、高城七之丞《たきしちのじょう》邸に篠原国幹、河野主一郎、西郷小兵衛、高城らが集まり、弾薬事件をどうするか対策を相談したが、結論は出なかった。篠原は警視庁から送り込まれた工作者がどうしているのか、その動きが気になった。鹿児島入りしていた警視庁少警部・中原尚雄《ひさお》には旧藩時代からの知り合いである谷口登太《とうた》が接触していた。「西郷を暗殺すれば必ず学校は瓦解に至る」。中原は谷口にそう語っていた。事件の背後で警視庁関係者が動いている可能性もあった。中原以外にだれが工作者として鹿児島に入っているのか、篠原はその全貌を知りたかった。中原と会って情報を取るよう篠原は谷口に指示した。

谷口は中原の宿泊先に行き、「私学校徒が弾薬を略奪した。彼らが決起する日は近い。この機に先立ち手を打たねば悔いを残すことになる。私を信じているのならば、同志の名前を明らかにしてほしい」と誘いを掛けた。中原は密命を帯びて鹿児島入りしている警視庁関係者ほか計二十三人の名前を明らかにした。さらに彼らが使っている暗号も谷口に教えた。

坊主　西郷隆盛
鰹節　桐野利秋
花手拭《はなてぬぐ》い　別府晋介
黒砂糖　島津久光
首長　大山綱良

一向宗《いっこう》　私学校
地租改正　暴動
西の窪　大久保利通

このほか篠原、村田、永山など私学校の主要人物にはそれぞれに暗号が決められていた。谷口がこの情報を篠原に持ち帰ったのは三十一日夕方だった。篠原は西郷の判断を仰ぐため、翌日早朝、早船で小根占に行くよう小兵衛に指示した。

三十一日夜、騒動は拡大し、数百人の私学校徒が磯集成館《いそしゅうせいかん》の銃砲製作所、草牟田火薬庫、上之原《うえのはら》火薬庫を襲い、倉庫四棟を破壊し、多量の弾薬を持ち出した。吉田村の開墾地にいた桐野利秋、加治木区長の別府晋介も篠原邸に集まり、対策を話し合った。すでに鹿児島に戻っていた辺見十郎太は「略奪物を元に戻すべきだ」と主張したが、篠原は「そうではあるが、事ここに至っては速やかに大挙に着手するしかない」と述べた。桐野は「ああ豎子《じゅし》（小僧＝私学校徒）よ、ついに大事を誤る。真に千秋の恨事《こんじ》である。そうではあるが襲撃した多くの子弟が（今度の事件で）縄目の恥辱を受けることを、自分は耐え忍ぶことができない。今はただ断の一字あるのみ」といった。

篠原邸での会議で、辺見十郎太、成尾常経《なるおつねのり》が早船で西郷を迎えに行くことになった。

一方、先に鹿児島を出発した西郷小兵衛は一日午前、高須で西郷に会い、事件の詳細を報告する間もなく、それぞれの船で小根占に向かったと思われる。小兵衛は平瀬十助宅で弾薬事件と刺客事件について報告した。その時の会話を十助の娘フネ十四歳が耳にしていた。以下は鹿児島県立第二中学校長・池田俊彦が結婚した谷川ふね子から聞いた四十年後の談話である。

私学校の人々、官の火薬庫に押し入り、弾薬を掠奪《りゃくだつ》したという話をきかれました時、私は丁度《ちょうど》お給仕に出て居りまして、先生が『それはしまった、お前たちは弾薬を奪って何するか、そんなことせんでもよかったのに』とすこぶる慷慨《こうがい》の面持ちで御話があったことをよく記憶して居ります。

なお平素先生はいかにも柔和な、やさしいお近づきやすい方でありましたが、この時のお顔のこわかったこと、今にも忘れません。

ふね子の談話には出てこないが、この席に実は西郷の息子菊次郎がいた。その時の様子を牧野伸顕《のぶあき》（大久保利通の次男）が『回顧録』の中で述べている。

この時、西郷は長男の菊次郎を連れて温泉に行って留守だった。この菊次郎は私の竹馬の友で、それが後に私に語ったところによると、私学校のものが勢揃いをした後で、西郷の末弟小兵衛がそのことを西郷の所に報告しに来た。西郷は私学校のものが、隊伍《たいご》を組んで既に勢揃いをしたことを聞くと驚いて膝を打ち、「しまった」と言った。そこのところを話す時、菊次郎は私にその手真似までして見せた。

西郷には下僕の竹内矢太郎が同行していた。小根占には犬を三、四匹連れて行った。矢太郎は鉄砲がうまく、犬の扱いにも慣れていて、このころ西郷の狩りにはいつも一緒に出かけていた。菊次郎は西南戦争で右脚切断の重傷を負い、矢太郎は西郷からその看病を命じられる。のちに菊次郎は「矢太郎も父についていれば戦死しているところでしたろう」と小根占村の長老磯長得三に語っている。

小兵衛が小根占を去ったあと、入れ替わるようにして辺見、成尾ら一行が早船でやって来た。「お迎えに来ました」と来意を告げると、西郷は「君等は弾薬に何の用があるのか」と血相を変えたが、それから黙ってしまった。谷川ふね子によると、翌日（二日）には西郷の顔に穏やかさが戻り、悠然と辺見らを従えて小根占を出発、船で隣村の大根占に向かった。

ふね子の父親の平瀬十助は見送りのため大根占まで西郷に同行した。別れ際、西郷は十助に十円渡した。十助が固辞すると「神棚を直せ」といわれ、受け取らざるを得なかった。

●愛犬を率い、小根占を立つ

暗殺計画、弾薬事件の報告を受けてから鹿児島に戻るまでの西郷の行動は、元となる史料の記述が不明瞭だったり、食い違ったりしているため、いつ、どこを通って帰ったのか、見解が分かれている。

『西南記伝』（黒竜会本部編、明治四十二年刊）は「当時西郷は大根占より転じて大隅の高山《こうやま》（肝《きも》付町《つきちょう》）に在《あ》りき」と記し、辺見ら一行は「高山に赴き西郷に謁《えっ》して」弾薬事件を報告した、としている。

県立第二中学校長の池田俊彦（前出）は、大正時代になって『西南記伝』の記述に疑念を持ち、西郷が狩りをした最後の地が高山ではなく、小根占であることを立証するため関係者の証言を集めて歩いた。谷川ふね子の談話もその時、取材したものだ。

『西南記伝』の筆者・川崎三郎に高山説の根拠を尋ねたところ、長崎裁判所に提出された県令大山綱良《つなよし》（戦費調達のための県費横領で逮捕）の口供書を示した。そこには「二月五、六日頃大隅高山という所におりし西郷を私学校の生徒多人数にて連れ帰りたり」と記されていた。

池田が高山で実地調査すると「高山には来ると連絡があったが、来られなかった」との証言を得た。このほかにも小根占が最後の狩猟地であったとの証言があり、高山説について池田は「大山氏が不正確な記憶を述べたのだろう」と推測した。

『南洲翁逸話』所載の池田の小論「小根占に於ける南洲翁」は労作で、多くの書物に史料として使われている。池田は自説の正しさを裏付けるものとして、西南戦争に従軍した加治木《かじき》常樹《つねき》の『薩南血涙史』（大正元年刊）の一文を小論の中で引用した。

「三日午前九時、大将軽衣《けいい》（簡素な衣服）、草鞋《そうあい》を穿《うが》ち（わらじに穴をあけ）、一僕三犬を率い、悠然武村の私邸に還《かえ》る。辺見以下皆従えり。」

西郷は二日に小根占を出発し、大根占を経て、三日午前に鹿児島の家に帰ったというのが池田の説だ。これでは高山で狩りをする時間がない。こうして池田は「高山最後の遊猟地説」を否定した。

しかし、小論では触れられていないが、河野主一郎『西南戦争の終始』によれば、西郷は直接大根占から鹿児島に帰らず、大根占から北に八十キロほど離れた加治木（姶良市）に立ち寄っている。これでは三日午前九時に鹿児島に到着するのは時間的に難しい。

平成十一年、高山遊猟問題に決着をつける新史料（随想）が大隅史談会発行『大隅』42号に掲載された。高山町前田（現肝付町）に住む竹之井敏の『南洲翁遺聞』である。西郷は高山で狩りはしていないが、小根占からの帰途、高山の竹之井龍謙《りゅうけん》を訪ね、狩羽織、兎狩りのわな、愛犬を贈ったというのだ。

明治十年の二月のはじめごろ、小根占からの帰途と言って西郷さあが龍謙（竹之井）宅を訪れた。この日は、床の間で長時間話し込んでいたが、帰るとき、

「龍謙さん、こいかあ狩いをすいこっもなかそんで（これから狩りをすることもなさそうなの

で）、こゆあげもんそ（これをあげましょう）」と言って、着ていた狩羽織と、兎狩りのワナと、愛犬ヤマ（オス犬）を龍謙に贈った。これが、二人の永遠の訣別となったのであった。

小根占を立つ時すでに西郷は挙兵の腹を固めていたのだろう。そうでなければ竹之井龍謙にヤマを贈る時、「これから狩りをすることもなさそうだ」といわないだろう。

元藩医で高山に永住した龍謙は西郷の狩り仲間だった。小根占に兎狩りに来た時も高山まで足を伸ばすことがあった。以前「西郷さあ」が来ているというので、龍謙宅に見物人が集まって来たことがある。庶民と接している時の西郷は茶目っ気たっぷりだ。とくに子供と遊んだり、からかったりするのが好きだ。「子供がいるからキジを鳴かせてみせよう」といって、龍謙から傘を借り、キジを入れた籠を自分のそばに持ってきて、番傘を開閉させてバシャバシャやった。キジが大きな声で鳴いた。子供も大人も大喜びだった。

西郷から贈られたヤマは優秀な狩り犬だった。龍謙は狩りのおともに連れて行った。毎日肉を食べさせたそうだ。家にいたタネ伯母さんはのちに「西郷さあ（銅像）の引いちょいやい犬な、うちのヤマじゃっと」といっていたそうだ。ヤマも銅像の犬と同じように耳がとがっていた。

「一僕三犬」を率いて西郷が武村の屋敷に帰ったという『薩南血涙史』の記述を信じれば、龍謙に贈ったヤマを含め、小根占には犬を四匹連れて来ていたことになる。

龍謙宅を出たあと、西郷がどこに泊まり、どこに向かったか不明だが、二月四日の夕方には垂水・新城《しんじょう》の上田親豊宅に立ち寄っている。兎狩り、猪狩りに来た時、いつも西郷は上田家に宿泊していた。「今日は急いでいる。当分会えないので、元気で暮らしてくれ」といって茶も飲まずに立ち去ったという。（上田武博『南洲翁を偲びて』）

龍謙宅での話と同じように、西郷がすでに出陣を決意していたことがうかがえる。

このころ桜島は本土とつながっていなかった。垂水からは桜島を風よけにして船で鹿児島に向かえばよいのだが、西郷はそうしなかった。遠回りして鹿児島湾の奥深く加治木まで行き、肥後という家で休憩し、この時、習字をしている子供を見て筆を借り、自作の漢詩をしたためている。（河野主一郎『西南戦争の終始』）

肥後家もひそかに挨拶のため立ち寄ったのかもしれない。

西郷が自宅に帰ったのはいつか。『西郷隆盛全集』の年譜は「三日午前九時」と記している。典拠は『薩南血涙史』だろう。一方、政府に捕縛された元県令・大山綱良は審問に対し「二月五日西郷隆盛大隅高山より帰宅」（『鹿児島一件書類』）と答えている。どちらが正しいのか。

これまで見てきたように、「三日午前九時」帰宅は日程上無理がある。県令として西郷の動向を把握していた大山の供述を信用すべきだろう。小根占に同行した従僕の矢太郎は後年「先生は（小根占から）鹿児島に帰られ、武のお屋敷にご一泊、翌日御厩《おうまや》跡の私学校に入られ」（『南洲先生新逸話集』）と述べている。私学校に西郷を迎え大評定が行われたのは六日である。帰宅は五日と考えて間違いないだろう。

誤解を生んだ原因は『薩南血涙史』の「三日午前九時、大将軽衣《けいい》、草鞋《そうあい》を穿《うが》ち、一僕三犬を率い、悠然武村の私邸に還《かえ》る。辺見以下皆従えり。」という一文にあるような気がする。「三日午前」は武村の家に帰った時ではなく、私邸に向けて出発した時間かもしれない。西郷は二日に船で小根占から大根占に向かった。警護の者は先に出発している。大根占で一泊し、辺見らを従えて陸路を歩き始めたのが三日だったのではないか。

第五章

犬連れの西南戦争

1　葉巻をくゆらし余裕の出陣

●出陣の時、犬はいたか

明治十年二月十二日、前夜から雪が降り始めた。

この日、鹿児島県令・大山綱良の布告が鹿児島城下城外各所に掲示され、陸軍大将西郷隆盛が政府に尋問《じんもん》のため上京することを告げた。

今般、陸軍大将西郷隆盛外《ほか》二名（陸軍少将桐野利秋、同篠原国幹）、政府へ尋問の筋有之《これあり》、旧兵隊等随行、不日《ふじつ》に（間もなく）上京の段、届出候に付、朝廷へ届の上、更に別紙の通り、各府県並びに各鎮台へ通知に及び候……

尋問の内容は「西郷隆盛暗殺計画」についてだった。布告の掲示板には、暗殺計画を実行しようとして捕まった「凶徒中原尚雄《ひさお》（警視庁少警部）」の口供（供述）書も張り出された。大警視・川路《かわじ》利良《としよし》から、もし西郷が決起するようであれば「刺し違えるより外はない」といわれて鹿児島に来たが「暗殺の密謀発覚いたし」と口供書には記されていた。

私学校党に捕縛された警視庁関係者は警部が九人、巡査六人、書生五人。いずれも西郷暗殺

計画の口供書に拇印《ぼいん》が押してある。（後日無理やり押させられたものだと暗殺計画を否定した）

政府尋問の布告が出る前日夜、東京から来た薩摩士族の野村綱《つな》が「内務卿（大久保利通）の密命を受けて来た」と県庁に自首した。「暴発の時はいろいろやるべきことがある。要するに主任の人（西郷）を倒すか、火薬庫へ火を放つか等のことだ」と大久保から指示されて、資金百円を渡されたという。

十三日、雪は激しくなり、吹雪《ふぶ》いた。

十四日、別府晋介率いる前衛隊が加治木（姶良市）に集結した。（十五日早朝出陣）

十五日、一番・二番大隊の約四千人は招魂社《しょうこんしゃ》にお参りしてから、練兵場に集合し、樽を割って酒を酌み交わし、雪の中を出発した。

「昨日より終夜、雪ふる。朝七八寸も積もる。老人の説に此《かく》の如き雪はおよそ五十年来稀《まれ》なりという」（『市来四郎日記』）。筆者の市来は島津久光の側近である。維新後は島津家史料の編纂事業に従事した。市来によると、この日から数日、昼夜を問わず城下各所で宴会が開かれ、歌声が絶えることがなかったという。

十六日、三番・四番大隊が出陣した。

「屋根の上はほとんど一尺ばかり、地上は九寸」（同）

十七日、西郷は私学校徒に出迎えられ、暗いうちに武村の家を出て、私学校（現鹿児島医療センター）に向かい、ここで軍服に着替えた。西郷には桐野利秋、村田新八、本営付き護衛隊約三百人が従い、砲隊と五番大隊とともに私学校前の練兵場に集合し出陣した。

「大雪。地上二尺ばかり積る。山手の所は三尺余りも積る」（『丁丑擾乱記』）

加治木常樹『薩南血涙史』によると西郷は「陸軍大将の略服に着替え、正帽をかぶり、刀を身に着け、草鞋を履き、徒歩で田の浦まで来た」。地図で見ると、練兵場から田の浦までは千数百メートルほどだが、家僕に連れられた長男寅太郎（十二歳）が父親を追いかけて来た。西郷は「来たか」といって、そのまま数百メートル一緒に歩いた所で「もう帰れ」といった。寅太郎はさらについて行こうとしたが、家僕が止めた。

戦死した西郷の弟小兵衛の妻・松の昭和初年の回想では、寅太郎のほかに次男午次郎《ごじろう》、三男酉三《ゆうぞう》が家僕に連れられて磯（島津別邸・磯庭園）まで送ったという。『薩南血涙史』の記述と食い違う。この時、酉三は満三歳三カ月。磯邸までは片道三キロある。本当に雪道を送ったのか、若干疑問が残るが、同時代の近親者の証言を否定するわけにもいかない。諸説あるということにしておこう。

西郷は犬を連れて出陣したはずだ。目撃談はないかと思って探すのだが、見つからない。ただし、それらしい記述は『南洲翁逸話』にはある。

> 先生は陸軍大将の正服で二三の猟犬を曳《ひ》きつつ徒歩せられた。あたかも狡兎《こうと》（悪賢い兎）を肥薩《ひさつ》（熊本と鹿児島）の野に追わんとするの有様にも似て、優々雅々たるものがあった。

この時、感無量であった事は、翁がちょうど磯邸の門前でうやうやしく土下座して、告別の意を表せられし事、これである。（小林桃園《とうえん》記『南洲翁逸話』）

筆者の小林桃園は目撃者ではない。昭和十二年、鹿児島に西郷隆盛像ができる前に書いた文章で、しかも文章に修飾が多く、「二三の猟犬」と書いてあるが、出典が明らかではない。

西郷の出陣の様子を見に行った人がいる。鹿児島在住のイギリス人医師ウィリアム・ウィリスである。ウィリスは幕末、英国公使館付医師として来日した。戊辰戦争では薩摩藩の依頼により従軍したが、藩の垣根を越えて戦傷者の治療に当たった。維新後は新政府がドイツ医学を採用したため東京に職がなくなり、西郷の招きに応じて鹿児島で病院を開き、治療をしながら日本人医師を育てた。

出陣の六日前、西郷は暗殺を警戒する二十人ほどの護衛に囲まれて、ウィリス宅にやって来た。込み入った話は出なかった。この時、イギリス外交官のアーネスト・サトウも同席していたが、西郷は「下士卒の数は一万を超えるだろう。出発期日は未定」とだけ告げた。実際には約一万三千人にふくれあがった。出陣の日、サトウは見送りに行かず、ウィリスだけが行った。以下はサトウの日記の引用である。

翌二月十七日、西郷と護衛及び砲兵隊がボートに分乗し、小型の汽船鹿児島丸によって加治木まで曳航《えいこう》されていった。西郷の出発を見送りに行ったウィリスの話によると、西郷は日本陸軍の正装をして舶来の葉巻をくゆらしていた。（広瀬靖子訳『西南戦争雑抄』）

上野の銅像の印象とは違って、西郷は衣装、身だしなみのきちんとした人だった。余談になるが、三十年ほど前、鹿児島出身で熱烈な西郷隆盛ファンの会社の先輩と酒を酌み交わしている時に「西郷《せご》どん、パーマかけとるの知っちょか」と聞かれた。まさかと思って本気にしなかったが、先輩のいうことが正しかったことがあとになってわかった。細い青竹を火鉢の熱い灰の中に差し込み、髪にあててパーマのようなものをかけていた。東京の西郷邸で火鉢に差してある青竹を見た薩摩出身の御親兵・種子田《たねだ》定一が「この竹は何になさるのでございますか」と尋ねると、西郷は「戎服《じゅうふく》（軍服）を着ればそれ相応に頭髪も手入れせんければならん。頭髪の鏝《こて》じゃよ」と答えた。

出陣したこの日、西郷はきちんと髪を整え、洋装に合わせて舶来の葉巻を吸っていたのである。それはともかく、サトウの日記には犬のことが何も書かれていない。もし西郷が犬を連れていたなら、ウィリスはサトウにそのことを話したと思うのだが、そうしていないということはウィリスは犬を見なかったのだろう。西郷家の家僕がどこかで犬を連れてどこかで待機していたのかもしれない。従軍した家僕として熊吉、吉左衛門、市太郎、矢太郎、仙太の名前が確認できる。

●磯邸前で旧藩主に敬礼

ウィリスによれば、西郷と護衛隊、砲兵隊は船に分乗し、汽船に曳航されて出発している。『薩南血涙史』もそうだが、ほとんどの書物は、西郷が練兵場から錦江湾沿いの街道を歩いて熊本に向かったように書いているが、ウィリスは船だといっている。どちらが正しいかといえば、ウィリスが正しいようだ。平成五年に公表された史料『久米清太郎従軍日記』（雑誌『敬天愛人』11号、単行本『西南戦争従軍記　空白の一日』）にも西郷が船で出発したことが記されている。病院掛として乗船していた久米の二月十七日の日記には、

昼八時、上新地《かみしんち》の浜より出帆。磯の前より大将西郷隆盛、桐野少将そのほか護兵二百人ばかり陸行なされる。

と書かれている。

西郷は練兵場からそう遠くない上新地の浜（現在の浜町《はままち》付近）から船に乗り、磯邸（仙巌園《せんがんえん》）近くで上陸した。この屋敷に住む元藩主島津忠義に敬意を表するためだった。西郷は将兵に一礼して門前を過ぎるよう指示した。ここで西郷自身がどうしたか、同時代人でも話が微妙に食い違う。

薩軍の主戦として戦いながら奇跡的に生き残った河野主一郎は「各隊を整列させ敬礼し、先生自身は雪の中で両膝をついて礼をされた」（『西南戦争の終始』）と述べている。ただし河野は西郷と同行していたわけではない。伝聞である。先述の『南洲翁逸話』小林桃園の土下座説は河野談をもとにしているようだ。

同じ生き残りで、西南戦争の誤伝を正し、真実を書き残すことに余生を捧げた加治木常樹は『薩南血涙史』に「砲隊みな礼して過ぐ。西郷また恭《うやうや》しく三拝して去る」と記した。立ったまま三拝したのか、ひざまずいて三拝したのか、はっきりしない。『翔ぶが如く』は、ひざまずいて三拝説をとる。

のちに膨大な島津家史料を整理編纂した市来四郎は「（西郷は）邸の門前に行きかかり、帽子を脱し敬礼した」（『丁丑擾乱記』）と書いている。こちらは、ひざまずいたりしない。市来は現場にいなかったが、現場を見た忠義から直接話を聞いた可能性がある。磯邸の石造りの塀は東《ひがし》目《め》街道（薩摩街道）沿いに続いている。「西郷らの通行を見物しようと、（忠義は）わざと女中や家令どもと塀の上に出て見物されたそうだ」と市来は書いている。

磯邸前で西郷がどうしたか、真相はやぶの中だが、私は西南戦争に従軍した河野と加治木二人の話がそれぞれに正しいように思う。雪の上に両膝をついて三拝したのではないだろうか。

磯の前（磯の浜）で上陸した西郷は船には戻らず、そのまま街道を歩いて行った。その様子

明治５年ごろの磯の浜と集成館。写真手前が機械工場（尚古集成館本館）、その向こうに大砲を鋳造する反射炉、そのさらに奥が島津家の別邸磯庭園（仙巌園）。海岸沿いに東目街道（薩摩街道）が続く。　鹿児島県立図書館蔵

磯邸（仙巌園）正門。西郷隆盛はこの門前で旧藩主・島津忠義に礼をして出陣した。

を久米清太郎は船から見て日記に書きとめた。

我らは船より同行。四方を見渡す大雪の風景。桜島、牛根《うしね》、福山《ふくやま》方、上は吉野原《よしのはら》。四方《しほう》光を白清《はくせい》して、陸軍大将西郷公も勇々と春の日のかすみの中を、重富《しげとみ》近くより舟方、帆を挙げて、加治木波止《はと》に着す。直に町口に出ると数万人の見物人が出て道を分けられず。宿屋森山加兵衛宅に着す。宿昼十二時。同三時ごろ西郷公、桐野公その他兵隊御止宿。(『久米清太郎従軍日記』要約、読み下し)

久米は船上から後ろを振り返り、桜島、牛根から左回りに対岸の福山方向、吉野原と視線を移していく。四方見渡す限り雪で白く輝いている。西郷は護衛兵二百人を従え、勇々と歩いている。今は街道と海辺の間を日豊本線《にっぽうほんせん》が走っているが、明治十年当時はさえぎるものもなく、海上からの見通しは良かった。

久米の日記は文章のつながりが悪く、わかりにくいところがあるが、久米の乗った船は「重富近くより舟方、帆を挙げて」、陸路を行く西郷の先回りをして加治木に着いたようだ。西郷は加治木の人々の出迎えを受け、久米に三時間ほど遅れて宿に入った。

犬はどこにいるのだろうか。船の上から西郷が行軍していく姿を見ていた久米も「犬がいた」とは書いていない。犬を引き連れていたら、犬のことも日記に書いていただろう。それで

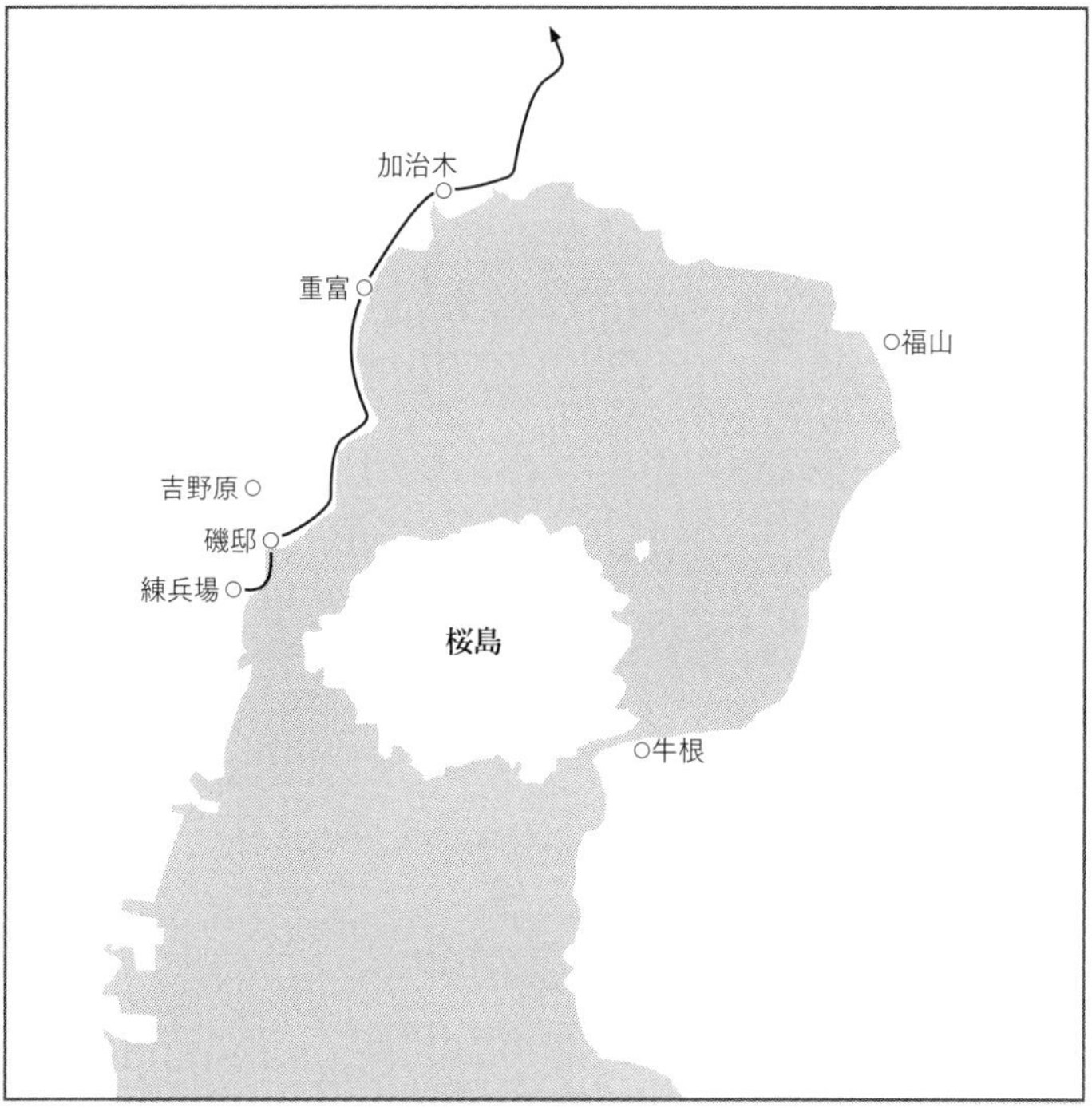

西郷隆盛の出陣コース(『久米清太郎従軍日記』による)
2月17日、練兵場を出発し、上新地の浜(現在の浜町付近)から船に乗り、磯邸手前で上陸。加治木で宿泊した。

も犬は必ずどこかにいる。

西南戦争が終わってからの話だが、明治十三年四月十四日、東京・市ヶ谷監獄で行われた元薩軍奇兵隊長・野村忍介《おしすけ》、奇兵一番中隊小隊長・鮫島《さめじま》敬助、狙撃隊一番中隊長・大野義行に対する懲役人質問で、三人は「人吉（熊本）で年寄りの農夫から犬を借りて兎や鹿を狩り、獲物があれば老弱の者に肉を分けてやったというのは本当か」と聞かれ、「隊中十人ほど連れて時々兎を狩った。猟犬は加治木から取り寄せた。老農のことは聞いていない」と答えている。

老いた農夫の犬を借り、代わりに狩りをしてやったという話は出来すぎている。獲物を宿泊先の者にふるまうことはよくあったが、この手の話が「西郷伝説」として美談になり、世の中に広まっていく。三人の回答で気になるのは「猟犬は加治木から取り寄せた」という部分だ。「取り寄せた」というニュアンスがよくわからない。猟犬がよい仕事をするのは飼い主との信頼関係があるからだ。どこかの犬を取り寄せればすむというものではない。「取り寄せた」ではなく、「猟犬は加治木から連れて来た」という答えだったかもしれない。従僕が連れて来た犬と西郷が加治木で合流した可能性は捨てきれないが、もっと確実な犬連れの証拠を求めて、出陣の旅を追って行こう。

●想定外だった熊本での戦闘

二月十七日、加治木泊。

十八日、横川《よこがわ》（霧島市）泊。

十九日、積雪がひどく大口《おおくち》（伊佐市）経由の予定を変更し、吉田《よしだ》温泉（宮崎県えびの市）泊。

西郷はここに兎狩りに来て宿泊したことがある。

二十日、加久藤越《かくとうごえ》の山道に難渋しながら最短コースで熊本県に入り、人吉《ひとよし》泊。

二十一日、球磨川《くまがわ》を船で下り、八代《やつしろ》経由で夜、川尻《かわしり》（熊本市）に着く。（経路は195ページの地図参照）

この夜、早くも川尻付近で戦端が開かれた。西郷は熊本では戦いが起こらず、そのまま堂々と「尋問」のため東京に向かうつもりだったが、予定が狂ってしまった。熊本鎮台の参謀長はかつての西郷の腹心の部下、樺山資紀《かばやますけのり》である。抵抗するはずがないと西郷は思っていた。

鹿児島県令の大山綱良は西郷を支援し、独断で官金十五万円を戦費として提供した。西郷が挙兵の意思を大山に伝えた時、大山が「小倉（北九州市）までは無事通行することができるだろうが、その先は困難だろう」と述べると、西郷は「胸算《むなざん》あり」と答えた。熊本は難なく通過できると、二人とも考えていた。「二月下旬か三月上旬には大阪」と西郷はいっているので、小倉から船で大阪に向かうつもりだったようだ。

熊本鎮台の谷干城《たてき》司令長官には、陸軍大将西郷隆盛名で「（西郷率いる）旧兵隊が熊本城下を通行する時は（鎮台の）兵隊整列、指揮を受けられるべく」と通告文書（照会書）が送られていた。この文書を西郷は見ていなかった。県庁第一課長の今藤宏《いまふじひろし》が書いた。「あのような掛け合いでは先鋒《せんぽう》の兵隊がどのような事変を起こすかわからない」と取り消すよう命じたが、文書はすでに発送されたあとだった。

川尻で戦端が開かれる二日前の十九日、樺山の親類筋にあたる宇宿栄之丞《うすきえいのじょう》らが西郷名の通告文書を持って熊本鎮台を訪れた。樺山は「いかに西郷大将であっても、非職の一私人が大兵を引率して鎮台下を通過することは断じて許さない。帰ってそのように伝えなさい」といって、宇宿らを追い返した。

出陣前、西郷は県令大山に「自分は陸軍大将であるから、たとえ全国の兵を率いたとしても、陛下のとくに許し賜《たま》えるところである。時機次第では鎮台兵も引率するつもりだ」（大山口供書）と語った。当時、陸軍大将は西郷一人しかいなかった。しかし、下野後は部下が一人もいない名前だけの陸軍大将である。樺山がいう「非職の一私人」とはそのことを指している。

薩軍の熊本城攻略は難航した。政府軍は熊本の北、田原坂《たばるざか》、植木《うえき》、高瀬《たかせ》の戦いなどで苦戦を強いられながらも物量で圧倒し始めた。薩軍本営は熊本市内の春日《かすが》・北岡《きたおか》神社に置かれ、その後、二本木《にほんぎ》に移った。二月二十六日、木葉《このは》（熊本の北方、玉名《たまな》郡玉東町《ぎょくとうまち》）方面での敗戦の報が伝えられると西郷は援軍を率いて出発したが、途中で誤報とわかり二本木本営に引き揚げている。その後は護衛隊から戦場に出ることを押しとどめられ、西郷も戦場に出ようとはしなくなった。

田原坂・弾痕の家　田原坂西南戦争資料館

西南戦争が始まると、絵師が腕を振るい、戦争錦絵が盛んに制作され、ニュース速報として売られた。値段は1枚6銭、3枚組18銭。図版は『鹿児島征討紀聞之内　熊本川尻口本営之図』(永島孟斎《ながしまもうさい》画、鹿児島県立図書館蔵)。3枚組のうちの右2枚。西郷隆盛個人の情報が伝わってこないため絵師たちは想像力をふくらませて絵筆を振るった。西郷は陸軍大将の正装姿で描かれているが、想像である。西郷は出陣の時は軍服を着ていたが、熊本入りした時には平服に着替えていた。口ひげ、あごひげも本当ははやしていないが、ものものしく偉そうな西郷像でないと人気が出なかった。

「新政大総督征討大元帥西郷吉之助」と本営であることを示す立札があるが、西郷はこのような肩書を名乗らなかった。開戦当初の誤報が広まってさまざまな錦絵に同じような立札が描かれた。錦絵には馬に乗った西郷隆盛も多数描かれているが、西郷は馬に乗らなかった。犬が描かれた錦絵は見当たらない。想像力豊かな絵師たちもまさか西郷が犬を連れているとは思わなかった。

2　犬連れ西郷の目撃者たち

●官位剥奪の使者と兎狩り

二月二十五日、政府は「陸軍大将正三位西郷隆盛、陸軍少将正五位桐野利秋、同篠原国幹」の官位官職を剥奪した。そのことを西郷に伝達するため、勅使・柳原前光《やなぎわらさきみつ》に官位官職剥奪の辞令書を持たせ、軍艦を鹿児島に差し向けた。同行する兵士は二千人。薩軍は鹿児島を守る兵隊を置いていない。県令の大山綱良は勅使来航のことを熊本の西郷に手紙で知らせた。これに対する西郷の返事（三月十二日付）は楽観に満ちている。情勢判断が甘いとしかいいようがない。

来船の次第承知しました。敵方、策も尽き果て調和（和睦）の論に落ち着いたのでしょうか。敵方、熊本籠城《ろうじょう》となってしまっては、各県も（続いて）蜂起するでしょう。この籠城を餌に四方の寄せ手を打ち破ることができれば、勝敗は決します。すでに戦いも峠を過ぎ、六七分の所まで来ました。よほど敵の兵気もくじけてしまい、この間（和睦交渉の間）に少し息を休め油断させておいて、一策めぐらす目算に違いありませんので、決して狸にだまされないことが肝要です。（要約）

しかし、西郷の返書は大山のもとには届かなかった。勅使から「調和の論」は全く出なかった。県令は「逆徒征討」「官位剝奪」「警視庁警部ら引き渡し」「県下帯刀《たいとう》禁止」「県内洋人（外国人）引き渡し」を命じられ、島津久光、忠義は西郷挙兵への加担の有無を問いただされた。

三月十二日、勅使から大山に「西郷以下は官位を奪われ、逆賊となったこと」を県下に布達する文が下され、大山は県大書記官の田畑常秋《たばたつねあき》に布達文を渡した。そのあと勅使に随行するよう命じられて軍艦に乗せられ、船上で官位を剝奪、捕縛された。大山は西南戦争終結後、九月三十日に長崎で処刑された。

官位剝奪の辞令は太政大臣三条実美名で出ているが、県庁幹部は西郷から叱責されるのを恐れて、だれも辞令書を渡しに行きたがらない。そこで一大決心して名乗り出たのが上村直《かみむらなお》だった。明治十年の鹿児島県庁の職員録を見ると、上村は県庁職員百五十人中五十六番目に名前が載っている。係長クラスに相当するだろう。この上村が犬連れ西郷の最初の証言者となる。

上村は鹿児島城下高麗町《こうらいまち(ちょう)》の出身だが、吉野村の郷士桐野利秋とは二才《にせ》（少年）時代からの知り合いで仲が良かった。桐野の旧名は中村半次郎。上村は桐野を「半」と呼んでいた。上村の気がかりは半と顔を合わせて何かいわれることだった。上村が辞令を渡した時の話は池田米男『南洲先生新逸話集』に載っている。

拙者が大役、難役を帯びて薩軍の陣営に行けば、半としてきっと拙者に一言ある。その一言が怖い。まことに怖い。やがて肥後川尻の薩軍の本営に到着して、玄関から「頼もう」と呼ばったその刹那《せつな》、中村半が奥の間より玄関に出てくるのに会った。半は拙者を一瞥《いちべつ》して「やあ遠来のお客じゃ。先生へ用向きで来たろう。先生は今日は都合よくも在営じゃ。ちょっと拙者は出る。ゆくり（ゆっくり）せよ」と、遠来をねぎらう真心からの挨拶を受けたのは全く意外なことで、旧友の情誼《じょうぎ》はかくも厚きかと胸中の感慨云うべからざるものがあった。

幕末、京都で桐野は人斬り半次郎と呼ばれて恐れられた。学問のない粗野な男として描かれることが多いが、西郷の考えを最もよく理解していたのがこの男だったと私は思う。「日本にとって真の敵となるのは南下政策をとり続けるロシアである」と桐野は事あるごとにいっている。久光側近の市来四郎でさえ「文識には乏しいが、仁慈心があり、実務上は思慮深遠、有識者に勝る」と述べている。

案内されて上村は表座敷で待った。桐野は出かけ、ほどなく西郷がやって来て、座敷に座った。上村は型通りに時候の挨拶をしてから「今日の参上は鹿児島県庁の御使者として」といいかけたところで、西郷は「ちょっと待ちなさいよ」といって席を立った。

しばらくして先生は身を礼装に改めて来られ、座に着き、姿勢を正された。そこで拙者は「今回東京表より御身辺に係る辞令書が到着しましたので、これを御交付のため参上しました」と満身緊張し切って、先生へ絹の服紗《ふくさ》包みの辞令書を手交《しゅこう》した。先生はこれを頭上に戴いて、それから辞令を黙読し、次いで東方に向かって容《かたち》を改め敬礼をしなされた。何のための敬礼であったろうか。

官位を剝奪され怒って当然なのに、何で敬礼するのか、上村には理解できなかった。西郷が敬礼する相手は一人しかいない。明治天皇だけだ。王政復古を成し遂げ、近代的な立憲王政の確立を目指す西郷には天皇の政府を転覆させる気はなかった。西郷の心中を慮《おもんぱか》れば「辞令書いただきました。ではありますが、これより上京して世直しをして見せます」といったところだろうか。西郷は上京して尋問することをまだ断念していない。西郷は東に向かって敬礼したあと、意外な言葉を上村にかけた。

先生は恭しく辞令書を包み納め、拙者に向かって「遠路ご苦労で御座った。軍旅、陣中のことではあり、何の風情もなく、御馳走もできかねるが、今晩はこの兵営にゆっくり泊まりなさい。兎の汁でもこしらえよう。これから近くの山を狩り立てるから同行しなさい」と勧められ、先生の後について付近の山の狩倉《かりくら》に赴いた。当日、先生は武村の屋敷から陣中に連れて来たカヤとソメ、二頭の猟犬を曳いて狩り立てられ、二頭の兎の獲物があった。当夜、本営で兎の汁の御馳走にあずかって、翌日、鹿児島への帰路に就いた。

上村は自分のためにわざわざ兎狩りに行き、兎を御馳走してくれた西郷隆盛という人間の大きさに感動した。『南洲先生新逸話集』の著者池田米男は「このことは上村翁の日記に詳しく書いてあるが、流布本の西郷伝記にはこれらの史実が全く伝えられていない」と記している。

鹿児島県教育会編『南洲翁逸話』は、上村が辞令書を交付したのは「人吉の薩軍の本陣（永《よう》国寺《こくじ》）」だとしている。「本陣の玄関に西郷を訪《と》えば、まず薩軍の猛将桐野が出て面接し直翁（上村直）よりその来意を聞き取った」云々と書かれている。

結論をいうと、人吉説は誤りである。官位剝奪の辞令書を持った勅使柳原前光は三月八日に鹿児島に入港し、十二日に官位剝奪を県下に布達するよう命じ、県令大山綱良を軍艦に拉致して十三日に出港している。西郷が熊本を撤退して人吉に入ったのは四月下旬だ。人吉説が正しければ、上村は辞令書を抱えて一カ月以上さまよい歩いたことになる。そんなことはないだろう。

『翔ぶが如く』は『南洲翁逸話』を資料として使っているため、辞令書交付は人吉での話としている。そうだとすると時間的に無理が生じることに司馬遼太郎は気づいていた。そこで「上村は鹿児島を出、西郷を求めて戦場を歩くうちに薩軍が熊本を敗退してしまった。上村は人吉まで行った」と書き加えている。小説だから、これはこれでかまわない。司馬は辞令書交付と兎狩りの話を人吉の場面では書かずに、宮崎での兎狩りの話に挿入する形で引用している。人吉での話とすることに躊躇があったのだろう。

高瀬（玉名市《たまな》）の戦いで薩軍は苦戦した。二月二十七日に弟西郷小兵衛が戦死し、息子菊次郎は右脚に銃弾を受けた。菊次郎は川尻・延寿寺《えんじゅじ》の野戦病院に運ばれ、右ひざ下を切断した。三月一日に西郷は川尻野戦病院を訪れている。菊次郎の様子が心配だったのだろう。

西郷が川尻で辞令書を受け取ったとすると、三月中旬から下旬のこととなる。この時期、西郷は熊本の本営にいることが多かったが、治療中の菊次郎がいる川尻に姿を見せることは不思議ではない。菊次郎は従僕の永田熊吉、竹内矢太郎の世話を受けながら、このあと人吉、宮崎と転戦していく。四月十二日、政府軍は川尻に迫り、十四日に川尻は陥落する。

薩軍の川尻本営は泰養寺《たいようじ》に置かれ、主立った民家はみな薩軍の宿営地になっていた。今、泰養寺近くの民家の前に「明治十年戦役南洲翁本営跡」の石碑と説明板が立っているが、ここは宿営地の一つで、本営跡ではない。説明板には「ここに新政大総督、征伐大元帥西郷吉之介の表札をかかげ」とあるが、薩軍がそのような表札を掲げた事実もない。錦絵や絵本戦記に記された誤った情報を引きずった記述だろう。

泰養寺住職の木尾《しげお》文人《ふみと》さんによると、昭和九年に川尻町から薩軍本営跡の石碑を泰養寺に建てる話があった。先代住職は西郷が賊軍扱いされたことが不満で、細かいいきさつはわからないが、町の担当者と議論になり、本営跡の石碑設置を断ったため現在地に建てられたという。薩軍撤退後、川尻には政府軍が本営を設け、薩軍協力者を摘発した。西南戦争についての住民の感情は複雑だった。

ところで、西郷は上村直に「これから近くの山を狩り立てる」と語っているが、川尻にはそれらしい山がないことが気になっていたので、住職に聞いてみると「昔は低いですけど日和見山という山がありました。今は削られてありません。兎狩りは子供のころよくやりましたよ。夜、みんなで棒を持って出かけて捕まえます。獲物は兎飯にして食べました。鶏飯のようなものです」と教えてくれた。西郷が川尻で兎狩りをしたことの傍証にはなるだろう。

西郷は薩軍の本営に泊まるとは限らない。攻撃の目標となる本営には泊まらせないのだ。家僕がいて、犬もいる。「泰養寺に宿泊したという話はありませんか」と住職に尋ねると「私は聞いたことがありません。このすぐ近くに昔、銭湯がありまして、その裏の家で寝泊まりしていたと伝え聞いています。もうどちらもありません」という話だった。西郷は風呂好きだった。銭湯の裏の家に宿泊した話は、ああそうかもしれないな、と納得がいく。

●西南戦争は「戦争」ではなかった

なぜ西郷は西南戦争のさなか、犬を連れ、兎狩りをしていたのだろうか。この常識外れの行動に対する私の結論は実に簡単なものだった。西郷にとって西南戦争は「戦争」ではなかったのである。戦争でないから、いつものように犬を連れて兎狩りをしていた。しかし、現実に起きているのは戦争だった。わかりにくい戦争だった。

西郷が出陣した理由は、陸軍大将である西郷隆盛暗殺計画について政府に「尋問」するためだった。しかし「陸軍大将だといっても現在は非職の一私人ではないか。なぜ何万人もの兵士を連れて行くのか」と西郷党の樺山資紀からも非難されたが、「西郷隆盛は一私人であるが、陸軍大将西郷隆盛は公人であるから問題ない」というのが西郷の理屈だった。

内戦を起こす気はまったくなかった。西郷にとっての内戦とは天皇の政府、天皇の軍隊と戦うことだ。福沢諭吉は西郷を「無二の尊王家」と呼び、「西郷は真に朝廷の忠臣であって、朝廷の名のある政府に向かって暴発することはできない。その暴発は世の害になることも知っている」と『明治十年丁丑《ていちゅう》公論』で述べている。その通りだろう。

天皇に反旗をひるがえさず、謀反《むほん》者とならず、いかに政府の世直しをするか、その方法を西郷は模索していた。明治四年、西郷の信奉者となった元庄内藩士との懇親の席で、西郷は思わず涙を流したことがある。その時の言葉が、西郷が考えていた世直しがどんなものであったか示唆している。

草創（維新）の始《はじめ》に立ちながら、家屋をかざり、衣服をかざり、美妾《びしょう》を抱え、蓄財を謀《はか》りなば、維新の功業は遂《とげ》られまじくなり。今と成りては戊辰の義戦も偏《ひと》へに私を営みたる姿に成り行き、天下に対し、戦死者に対して面目無きぞとて、頻《しき》りに涙を催されける。(『南洲翁遺訓』)

権力を握り、私欲に走る政府高官・役人、我がもの顔の華族、利権に走る商人の姿を見るにつけ、こんなはずではなかったと西郷の心は晴れない。

暗殺計画に対する「尋問」は政府世直しのための「名分《めいぶん》」、つまり「口実」でしかなかった。天皇に反旗をひるがえさず、政府そのものを変革するための「口実」が「尋問」だった。西郷は「大義」を掲げなかった。世直しの「大義」を掲げれば、天皇の政府である朝廷を批判することになる。暗殺計画の首謀者である大久保利通、川路利良を、陸軍大将である西郷隆盛が「尋問」するという「名分」を立てることによって、事態を突破できると考えた。

天皇の政府を武力で倒すことは覇権主義であり、尊王家として取るべき道ではないのだ。覇権を得るために戦いを始めるという発想が西郷にはもともとない。戊辰戦争で江戸城無血開城を成功させたように、薩摩士族の圧倒的武力を核にして各地の士族の力を一つにまとめ、できうる限り血を流さず、政権を交代させることが可能だと西郷は考えていたようだ。

明治十年一月、熊本の池辺吉十郎《いけべきちじゅうろう》(熊本隊隊長、戦後処刑)、佐々友房《さっさともふさ》(同小隊長、重傷を負い降伏)が村田新八を訪ねた時、村田は「西郷を首相の地位につけ、その抱負を実行すること、これが吾輩の任務である。尊王の精神は終始決して変わらない」と述べている。「尋問」の先には、西郷政権が誕生するはずだったが、それは夢想にすぎなかった。

そもそも私学校は反乱のための組織ではない。「王を尊び」と『私学校綱領』にある通り、実質的には天皇を支える軍事組織として作られた。「いずれ近年のうちに外患が起きる。その時、右兵隊の者を以て国難に報ずる」と西郷は県令大山に語っている。外患とは南下政策を続けるロシアとの戦いである。明治四年に桐野利秋を北海道に派遣、翌年別府晋介を朝鮮に、池上四郎《いけのうえしろう》（城山で戦死）を満州に送り込んだのもロシアの動きを探るためだった。徴兵令で集められた鎮台兵では、外患に立ち向かえないだろう。その時こそ、私学校は立ち上がる。『私学校綱領』に「人民の義務に臨みては、一向《ひたすら》難にあたり、一同の義を可立事《たつべき》」とあるのは、そのことだ。

私学校徒が天皇の政府と戦わないというのは、西郷にとって自明の理だった。神風連、秋月、萩の乱と不平士族による反乱が続く中、西郷は私学校徒の暴発を抑え、自分は軽挙妄動はしないという意思表示として犬連れ兎狩り温泉旅行を続けた。

自分が動かない限り校徒も動けないと西郷は確信していたが、政府による銃器弾薬の運び出しで校徒が暴発し、暗殺計画の発覚に「大久保、川路討つべし」といきり立った。結果として犬連れ兎狩りは安全装置として働かなかった。大久保の挑発に薩摩の若手士族が乗せられてしまった、と私は考えている。

「尋問」は「戦争」ではなかった。薩摩士族が大挙して立ち上がり、威風堂々進軍し、立ち向かむ者がいれば打ち払う。戦略といえるものはそれだけだった。艦船を使って長崎や大阪、東京を襲撃するという作戦を西郷は却下した。西郷は「西南戦争」に犬を連れて行ったのではない。「尋問」に犬を同行させただけなのだ。それは「天皇の政府と戦争するつもりはありませんよ」という意思表示だった。

早川兼知《かねとも》は宮崎・美々津《みみつ》の戦いで負傷し、その後、薩軍に合流しようとして城山近くで政府軍に捕まり、生き残った。早川は「南洲先生は戦《いくさ》のことは桐野らにすべてまかせきりで、詩を作り、囲碁をし、魚を取り、愛犬の頭をなでて日を送られるにすぎなかった。これは先生に逆意（天皇に対する反逆の意思）がなかったためである」（『大西郷秘史』）と述べている。薩軍には「尋問」のための出陣であるという西郷の意思は十分に浸透していた。

出陣前、県令の大山が「小倉までは滞りなく通行できるとしても、その先の渡海はどうだろうか」と問うと、西郷は「ほかに見込みあり」と答えた。西郷出陣の日の夕方、島津久光は大山を呼んで「西郷は大阪までは無事に到達すると思っているようだが、見込み通りには行かないだろう。どう思うか」と尋ねた。大山は「同じように心配しております」と述べ、久光が上京して事件収拾に尽力してもらえるよう訴えたが、久光は「事件を取りまとめるつもりはない」と答えた。

西郷は官位剝奪の辞令書を受け取る時、東（皇居）に向かって敬礼した。それから上村直と犬連れ兎狩りに出た。その様子はいずれ天皇にも伝わるはずだ。

「これは戦争ではありません」

西郷、無言のメッセージだった。しかも、それは明治天皇にしっかり届いていたように思われる。明治十三年末、突然のように天皇は兎狩りを始めたのである。そのことは次章に書く。

●熊本籠城戦と犬猫

薩軍との開戦直前、二月十九日午前十一時過ぎ、熊本城天守閣から火の手が上がり、宇土《うと》櫓《やぐら》を残し、天守閣、本丸など千戸余りが全焼した。失火説、放火説、鎮台による自焼説など原因はいろいろ取りざたされたが、いまだに結論は出ていない。貯蔵していた兵糧米《ひょうろうまい》も燃えてしまったことから考えると、自焼説は採用しがたい。品川弥二郎の『熊本籠城日記』に「この日鎮台の給仕人夫六、七人、遁走《とんそう》す。本営へ放火せしは恐らくは彼らならんか」とある。薩摩の肩を持つ者の仕業か、薩摩に攻撃されるのを恐れて逃走したものか不明だが、放火説が有力だと思う。

熊本城には約四千人が籠城した。兵隊の主力は徴兵された百姓、町民だった。約三カ月に及んだ籠城戦で、城内の食糧は尽きた。お堀のコイも釣って食った。病気の兵隊には馬が死ぬとすぐに煮て食わせてやり、残りは腹を空かせた兵隊にやった。主食は粟粥と粟飯だった。あとは近所の畑から持ってきた野菜で腹を満たした。

「犬もけっこう、鼠もけっこう、蛙であろうが、食われる物はことごとく食い尽くし、始めのころはだいぶ犬もいたけれど、いつの間に（鎮台兵が）殺《し》めるのか、だんだん取り殺してしまって、やがて犬の姿はまるっきり城中に見えなくなってしまった」（『熊本籠城談』）

鎮台参謀副長を務めた児玉源太郎《げんたろう》（のち陸軍大将。元長州藩士）の回顧談である。食う物がなくなれば、薩摩人でなくても犬を食う。

籠城組に加わった熊本県権令・富岡敬明《けいめい》（のち熊本県知事。元佐賀小城《おぎ》藩士）は城中で二匹の猫を飼っていた。「米もないのに猫を飼うのは贅沢だ」と児玉がいうと、富岡は「諸君は一を知って二を知らない」と平然と答えた。「まあ今日は昼飯でも御馳走しよう」というので、待っていると、肉を煮たものが出てきた。それが猫だった。もう一匹は祝事がある時のために大切にとっておくのだと富岡は語った。

小説家・徳冨蘆花《とくとみろか》（本名健次郎）は明治元年、熊本・水俣に生まれ、明治三年に父が熊本藩庁に出仕したため、大江村（熊本市中央区）に引っ越した。明治十年、西南戦争が始まり、薩軍による熊本城攻撃が始まる時、一家は田舎に避難することになった。ところが、オブチという飼い犬がどうしても家から離れようとしない。十歳の健次郎少年の着物の裾をくわえて引っ張り、荷車に上り健次郎の顔を見て悲鳴を上げた。やむを得ず近所の農家に頼み、時々食物を与えてもらうことにして、しばしの別れを告げた。薩軍が退去し、四月末に家に戻ったが、庭は荒れ、畳の上には厚くほこりが積もり、柱や壁に弾丸の痕《あと》が点々としていた。オブチはどこにもいなかった。

薩軍は山深く退いたので、欣々《きんきん》と（喜んで）帰って見ると、オブチは彼の家に陣どった薩摩《さつま》健男《たけお》に食われてしまって、頭だけ出入りの百姓によって埋葬されていた。彼の絶望と落胆は際限《かぎり》がなかった。久しぶりに家に還《かえ》って、何の愉快《たのしみ》もなく、飯も食わずにただ哭《な》いた。南洲（西郷隆盛）の死も八千の子弟の運命も彼には何の交渉もなく、西南役《せいなんのえき》は何よりも彼の大切なオブチをとり去ったものとして彼に記憶されるのであった。（『みゝずのたはこと』）

久しぶりに犬に会えると喜び勇んで家に帰ってみれば、犬は食われてすでにこの世にいなかった。健次郎少年が心に受けた傷は大きかった。「自分は犬の生まれ変わりだ」と思っていた蘆花はその後、三十年間、犬を飼う気になれなかった。

●熊本撤退、人吉で兎狩り

四月十五日、薩軍は熊本城攻略を断念し、熊本から撤退した。西郷はそれより早く十三日の夜十二時ごろに熊本を去り、人吉《ひとよし》に向かった。西郷は「熊本を去るな。快く一戦して死を決すべし」と主張したが、桐野から強く撤退を勧められ、それに従った。

熊本を立った西郷は県境の山を越えて十六日に宮崎県椎葉村《しいばそん》に入り、雨に悩まされながら十九日に再び熊本県に入って江代《えしろ》（球磨《くま》郡水上村《みずかみむら》）に泊まり、二十日に岩野《いわの》（同）から川船に乗って球磨川を下り、人吉に着いた。以上の行程は「時に本営を守護した」大野義行の戦後供述による。西郷は「当地へ昨日（二十二日）到着」と木山《きやま》（熊本県上益城《かみましき》郡）の薩軍本営に手紙を出しているので、大野の供述はほぼ信用してよいように思う。

昭和九年ごろ、現地調査をした香春《かはる》建一（宮崎県延岡市誓敬《せいきょう》寺住職）は、四月二十七日に西郷は人吉に入ったと『西郷臨末記』に記しているが、西郷は薩軍本営よりもずっと早く人吉に移動していた。

香春は「人吉では西郷も新宮簡《しんぐうたけま》の家にいて、時折近くの野山に猟銃を肩に、兎狩りにでかけることもあったらしい」と書いている。新宮簡は人吉藩十一代藩主相良《さがら》長寛《ながひろ》の孫だが、父義休《よしやす》が江戸で家臣を切り殺して廃嫡《はいちゃく》となったため、新宮家の養子となった。簡は政府軍の砲兵隊を指揮し、人吉攻撃の先頭に立っていた。

一方、簡の息子嘉善《かぜん》は、薩軍のために自宅を明け渡し、自らも人吉隊小隊長として薩軍に加わっていた。薩軍の本営は永国寺に置かれたが、西郷は人吉滞在一カ月余のうち、かなりの時間を新宮家で過ごしたようだ。『薩南血涙史』によると、西郷は政府軍の人吉総攻撃が始まる三日前、五月二十九日に人吉を出発し、宮崎に向かった。

六月一日、政府軍の人吉総攻撃が始まった。新宮家当主の簡は高台から息子のいる薩軍めが

明治10年(1877年) 2月15日第一陣鹿児島出発。17日西郷隆盛出陣。加《か》治木《じき》泊。18日横川《よこがわ》泊。19日吉田温泉泊。20日加久藤越《かくとうごえ》で熊本入り。人吉泊。21日球磨川《くまがわ》を下り八代《やつしろ》を経て川尻《かわしり》着。22日未明熊本入り。以後熊本陣中に滞在。本営は春日《かすが》(熊本市西区)、次いで二本木《にほんぎ》(同)に移る。

4月13日深夜、西郷熊本退却。14日川原《かわはら》(上益城《かみましき》郡嘉島町《かしままち》か)泊。15日薩軍熊本撤退(地図の破線は薩軍本営の撤退コース)。西郷、川の口(上益城郡山都町《やまとまち》)泊。16日胡摩山《ごまやま》(椎葉村《しいばそん》)入り。移動経路不明。同所泊。17日桑弓野《くわえみの》(椎葉村)2泊。19日江代《えしろ》(水上村《みずかみむら》)泊。20日岩野(同)から船で球磨川を下り人吉へ。(熊本から人吉までの行程は「大野義行・懲役人質問」による。西郷書簡によれば人吉着は22日)

5月29日西郷人吉撤退(5月30日、31日説もある)。小林を経て宮崎へ。(加治木常樹『薩南血涙史』は5月31日宮崎入り。大野義行によれば西米良村《にしめらそん》経由で6月5日宮崎入り)

7月29日宮崎撤退、佐土原《さどわら》泊。30日高鍋《たかなべ》泊。31日都農《つの》泊。8月1日美々津《みみつ》泊。2日延岡着、しばらく滞在。11日延岡出発。大分入りを目指し県境に向かって北《きた》川《がわ》を川舟で上る。水量多く舟中泊。12日北川村熊田《くまた》(延岡市北川町)着。同村川内名《かわちみょう》泊。13日長井笹首《ながいささくび》(同)に戻る。14日同所で軍議、宿泊。15日和田越《わだごえ》決戦。長井俵野《ひょうの》泊。16日長井俵野で解軍布告。同所泊。17日夜可愛岳《えのだけ》突破。犬3匹を放つ。(延岡から可愛岳までの行程は香春建一『西郷臨末記』、『薩南血涙史』などによる)

18、19日山中露営。20日鹿川《ししかわ》(日之影町《ひのかげちょう》)泊。21日岩戸《いわと》(高千穂町《たかちほちょう》)を経て22日朝、三田井《みたい》(同)。昼ごろ出発し23日明け方、七ツ山(諸塚村《もろつかそん》)、夕方鬼神《きじ》野《の》(美郷町《みさとちょう》)。24日銀鏡《しろみ》(西都《さいと》市)泊。25日村所《むらしょ》(西米良村《にしめらそん》)泊。26日槻木《つきぎ》(熊本・多良木町《たらぎまち》)露営。27日須木《すき》(小林市)泊。28日馬関田《まんがた》(真幸村《まさきそん》〈えびの市〉の旧名)泊。29日横川《よこがわ》に出て踊《おどり》(牧園町《まきぞのちょう》)へ。30日踊泊。31日蒲生《がもう》(姶良《あいら》市)泊。9月1日鹿児島突入。24日城山で自刃。(可愛岳から鹿児島までの行程は「大野義行・懲役人質問」による)

西南戦争当時、桜島と本土はつながっていなかった。

けて山砲《さんぽう》を撃ち、自宅も砲撃した。東京の旧人吉藩の重臣に簡が出した手紙には「四斤半の大砲にて実丸《じつがん》二発誤たず整列の中に打込み、快《こころよ》か悲《かなし》か、心中御察し下されたく（略）拙者宅へは破裂二発打込み候処、快く焼け上がる」と書かれている。人吉の人々は初め薩軍を歓迎していたが、戦いに無理やり協力させられて人心は離れ、人吉隊も政府軍に帰順した。

新宮家は焼けてしまったため藩主相良長寛の次男の隠居所が移築され、西南戦争関係の資料を展示する武家屋敷として公開されている。武家屋敷管理人（所有者）堤悟さんが「犬のことなら、こんな記事がありますよ」と神瀬《こうのせ》トモさん九十一歳の回顧談が載った昭和三十二年五月四日の朝日新聞熊本版のコピーを見せてくれた。

私の実家（犬童《いぬどう》家）と永国寺の本陣はつい目と鼻の先にありましたので西郷さんをはじめ桐野、村田（新八）さんの姿を見かけました。私が十一歳のときでした。西郷さんは戦争などどこ吹くといった形でゆうゆうと犬を連れて藍田《あいだ》（人吉南部）付近へ猟に出かけられるのに会いました。大きな体にギョロリとした目玉が今でも記憶の底に残っています。村田さんは私たちを林温泉に一度連れてゆかれました。そこでとても元気のよい隊長さんに会いましたが、それが桐野利秋さんでした。

戦場にいても、戦っているばかりでは体力、気力ともに続かない。休養は必要なのだ。

新宮嘉善とともに薩軍に参加した蓑田《みのだ》太郎は田原坂、植木、八代などで政府軍と戦ったあと、人吉に戻った。戦後懲役一年の刑を受けた蓑田は上申書の中で「隆盛のここに居るや走狗を牽《ひ》き狡兎を逐《お》うを事とす」と述べている。

3　犬連れ撤退

●犬連れで人吉を去る

五月二十七日ごろ、食料調達を担当していた宇宿栄之丞《うすきえいのじょう》は上村《うえむら》（人吉の東、球磨郡あさぎり町）に米の調達に行っての帰り、午後七時ごろ西郷と兵隊十人ばかりが犬を連れて歩いてくるのに出合った。「どちらへ参られますか」と尋ねると「狩りに行く」という返答だったので「たくさん獲れますように」といって別れた。十間ばかり行き過ぎたところで、西郷が振り返り「拙者は人吉には帰らないつもりだ。皆宮崎へ向かうように」と述べた。宇宿は「敵は岩野（同郡水上村）まで来ておりますので、今夜中にぜひ皆越《みなごえ》（あさぎり町）を通り過ぎて、宮崎の方へ向かうのがよろしいかと思います。これから宿と駕籠の手配をいたします」といって人吉に戻り、駕籠と人夫十六人を手配し、人夫代百六十円、飯、汁、焼酎などを用掛《ようがかり》に持たせ湯前《ゆのまえ》（人吉の北東、球磨郡湯前町）まで運ばせた。（宇宿『西南之役従軍記』）

西郷は「人吉には帰らないつもりだ」と宇宿にいったが、予定を変えていったん人吉に戻ったようだ。『薩南血涙史』によると「（五月二十九日）池上、村田諸将の諫《いさめ》を受け入れ、池上四郎を従え、狙撃隊が警衛し宮崎に向かって人吉を出発した」。

西郷は犬を四匹連れて人吉を去った、という記事が政府系の兵事新聞に載っている。「賊魁《ぞくかい》西郷隆盛は去月（五月）三十日、人吉を出発し米良《めら》（宮崎県）に至る。その行装《いでたち》はかすりの着物に博多の帯をしめ、金《きん》作りの刀を持ち、愛犬四疋を携え、駕籠に乗り、前後十人ばかりの護衛兵を付けたりと、兵事新聞に見ゆ」（七月十日、実生新聞）（『明治ニュース事典第一巻』）実際には西郷は米良に向かっていない。行く先について意識的にニセ情報を流している可能性もある。

西郷は兎狩りで泊まったことのある吉田温泉（宮崎県えびの市）に傷病兵を送るよう指示したあと、大畑《おこば》（人吉南部）を経て、小林方面に向かった。『久米清太郎従軍日記』によると、六月一日に西郷は吉田温泉の臨時野戦病院に姿を見せている。ここで西郷は久米清太郎の弟清之丞が戦場から戻ってこないことを伝えた。（五月二十九日、清之丞十八歳、人吉で戦死）

●宮崎の亀松少年と犬連れ兎狩り

香春建一『西郷臨末記』によると、西郷は五月二十九日に小林市、三十日に野尻村《のじりそん》（小林市）に宿泊し、三十一日に宮崎市広島通の黒木某宅に入ったという。『久米清太郎従軍日記』では六月一日に西郷は宮崎から八十キロ近く離れた吉田温泉にいるので、約六十年後の現地調査である『西郷臨末記』の日付が正しいとは限らない。薩軍は西郷の宿泊地を隠している。

それはともかく、香春は西郷の足跡を訪ね歩き、貴重な証言を記録した。昭和十四年、宮崎市公会堂で西南戦史座談会が開かれた時、西郷と一緒に兎狩りに行った七十三歳の金丸亀松と偶然出会い、西南戦争当時の話を聞くことができた。亀松は当時十一歳、西郷が泊まっていた黒木某宅の隣に住んでいた。

西郷は時折、裏庭続きの金丸の家に来て、桜の木かげに腰を下ろし、連れて来た犬と遊んでいることがあった。母親が番茶を持っていくと、いつも黙って飲みほし、母親について行った亀松の頭をなでてくれた。亀松は兎狩りの案内もした。腰に差していた山刀で竹を斬り、やぶの中に竹で作ったわなをあちこちに仕掛けておくと、やがて犬の声がする。「お、またかかったか」と言いながら西郷はやぶに入って行く。すぐ近くの黒木藤三郎の家が薩軍の賄い所になっていて、庭先に何十俵も兵糧が積み重ねてあった。西郷は自ら兎を調理し、兎飯を炊いて食うのを楽しみにしていた。兎飯というのは、まず大きな鍋に米を入れ、適度の水を加え、その上に兎の肉を置き並べて炊くのである。沸きあがる頃を見計らい、適量の醤油と砂糖を投入してまぜかえし、その後しばらく蓋をしておくと、兎飯になるのである。西郷はいつも自分で椀に盛り、よろこんで箸を動かしていた。犬と亀松少年を連れて、遠く佐土原《さどわら》あたりから高岡《たかおか》方面までしばしば出かけた。（要約）

佐土原も高岡も現在は宮崎市に入っているが、宮崎市街から佐土原までは十数キロ離れている。佐土原は三万石、島津支族の小さな藩だった。西南戦争では薩軍と呼応して真っ先に立ち上がった。内務省宛の急報電報に「鹿児島士族蜂起。延岡高鍋《のべおかたかなべ》佐土原士族、兵器を携えこれに応ず」（『明治十年騒擾《そうじょう》一件』）とある。西郷にしてみれば、鹿児島にいるような気安さがあったのだろう。少年を連れて佐土原まで行っても、山野を歩く男が西郷だとは気づく人はいなかった。

黒木某宅にいつごろまで西郷がいたのかわからない。六月中旬、宮崎に入った喜入《きいれ》（鹿児島市）の池上信愛は官宅（県の官舎）に滞在して弾薬作りをしたが、「西郷さんも弾薬作りに出て来て笑っておられたこともあった。朝早く犬を連れて兎狩りにも行かれた」という。（喜入小学校の調査報告）

●犬を連れ、北へ北へと撤退

西郷が宮崎に来て二カ月がたった。この間、政府軍は攻勢を強め、薩軍に迫った。七月三十一日、佐土原での戦いも政府軍勝利のうちに終わり、西郷は北へ北へと追われていく。この日、西郷は都農《つの》（児湯《こゆ》郡都農町）に撤退した。犬も一緒にいた。都農神社の神主・永友司《ながともつかさ》が日記（『明治十年戦争日記』）にその時の様子を書いている。

西郷隆盛枡屋《ますや》一泊。これまで止宿の者は、みな脇宿に移し、かや毛の犬二匹ひき、駕《が》（かご）は渋紙包にて、玄関より直に上の間、床脇まで舁《かき》入れ、両脇には兵士二十人ほど列座、通い口には屏風を立て、一向人に姿をみせず、これが正真の西郷なるやは知れず、かねて西郷は犬を愛せると聞き及びけるや西郷ならんと推《すい》したるなり。当社へも十七、八才くらいの者、犬を二匹ひき来たれり。

神主の永友は「西郷隆盛が来る」という話を聞いて、都農神社近くの枡屋に行った。それまでの泊り客は別の宿に移され、座敷の中にまで駕籠が入って行った。中には西郷がいたらしいが、目隠しの屏風が立てられ、姿は見えなかった。かや毛（茶褐色）の犬が二匹引かれて来たので、永友は間違いなく西郷だろうと思った。都農神社にも若者が犬を二匹連れてやって来たが、かや毛とは別の犬かもしれない。少なくとも二匹、多ければ四匹いたことになる。兵事新

西郷が実際に泊まったと伝えられる報恩寺。現在は無住の廃寺。枡屋は大木の向こう側にあったが、今は空き地になっている。　宮崎・都農

聞に「愛犬四疋を携え、駕籠に乗り」と書いてあったが、四匹だと数が合う。ただ断定的なことはいえない。

都農神社の近く、豊後《ぶんご》街道沿いの和菓子店「きくや」の中村克也さんの祖母は枡屋から嫁に来た人だという。枡屋は廃業してその跡は現在空き地になっている。中村さんが子供のころ聞いた話では、西郷は枡屋には泊まらず、隣の報恩寺に泊まったそうだ。それもありそうなことだ。護衛兵たちは西郷の所在を隠そうとする。

八月九日の東京日日新聞に次のような記事が載った。

このごろ豊後路の官軍に降伏して、今、野津少将にて人足に使役される郷田源助は鹿児島でも名のあるものにて、西郷が高鍋にありし時、面会していろいろと戦略の事など論ぜしに、同氏は一向に取り合わず、ただ何事も桐野にまかせおきたればと答えたり。平日は例のごとく犬を牽き兎猟せんとて、山野に出て行くをたびたび見かけたりと云いしとぞ。

西郷は都農からさらに北の延岡へ撤退していく。

読売新聞（八月二十四日付）掲載の戦地からの手紙にも、西郷の犬のことが書かれている。

戦地の某より来状　過日手紙を差し上げたあとは別段の話もありませんが、東京にては西郷はすでに自刃したとの説もあるように新聞で読みました。彼はさきごろ宮崎の戦いで右の手に負傷したそうで、これは実説です。これまで同人は陣中に見えませんでしたが、ふだん奔走する時には四五疋の犬を連れているので西郷だと知ることができます。賊は諸方で弾薬を製造していますが、豆を鉛で包んだ弾丸を手に入れました。帰京した時にお見せいたします。（要約）

日向の飫肥《おび》隊に入った金田徴《あきら》は熊本城攻略戦にも加わり、木葉《このは》（玉名《たまな》郡玉東町《ぎょくとうまち》）では敵軍から奪った連隊旗の下で戦った。乃木希典《まれすけ》少佐率いる小倉第十四連隊が奪われた連隊旗だ。日向に戻って来た金田は初めて西郷の姿を見た。

「西郷大将、熊田《くまた》駅（延岡市北川《きたがわ》町）の民家にありて、護衛の兵数名と犬を牽き、山に狩りして遊ぶを見たり」（金田徴上申書）

多くの兵士が死んでいく中で大将は悠然と狩りをしている。複雑な気持ちだったに違いない。戦いのさなか、兎狩りを続ける西郷の神経はどうなっているのだろうか。常識では理解しがたい。しかし、西郷が何を楽しみに兎狩りをしてきたのか、そのことを思い起こせば、戦場での兎狩りの理由も見当がつく。西郷は自分が食べるのを楽しみに兎狩りをしていたわけではない。狩りをして、みんなにご馳走するのが楽しみだった。官位剝奪の辞令書を持参し、兎を御馳走になって感激して帰った上村直の時もそうだ。一緒に食べる楽しみ、食べてもらう楽しみ。

戦場でも西郷は同じことを続けていたように思う。

「彼の人、かねて何事も兵士同様にす。兵士はだしの時は自分もはだしにて指揮をするほどの人なり。それにて人心は帰せしなり」（懲役人質問、野村忍介ほか）

疲れ、傷ついた兵士たちをねぎらうために西郷は犬を駆り、兎を追った。西郷近くにいる者は、皆そのことを知っていたに違いない。この段階までくると、犬を連れていることの意味は「これは戦争ではありません」という西郷の意思とは無関係になっている。犬は食料調達のために存在していた。

●司馬遼太郎が語る犬連れ西郷

西南戦争と西郷の犬連れ出陣についてまともに論じたものはほとんどない。このことにきちんと言及したのは、私の目に触れた範囲では司馬遼太郎だけだ。評論家・尾崎秀樹との対談「西郷隆盛の虚像と実像」（『西郷隆盛を語る』所収）の中で、西郷の犬連れ西南戦争について語っている。

司馬「西郷さんは犬が猛烈に好きだし、それもいい犬が好きなんです。猟犬としてね。彼は幼犬から訓練することをせずに、ほとんど成犬を手に入れて、その犬をつれて歩いたりしていいます。実際は鉄砲猟はあまりしていないんで、大体が罠《わな》かけ猟のようですね。だから、ほとんど犬はいらないんですけどね。」

文章を書くのと違って、対談の中での話だから、軽い気持ちでしゃべっている。司馬は「罠かけ猟だから、ほとんど犬はいらない」と語っているが、明らかな誤りだから訂正しておく。優秀な猟犬がいなければ、西郷の狩りは成立しない。犬はどこでもいいから兎を追いかければいいというものではない。優れた犬は仕掛けたわなの方へ巧みに兎を追い立てる。狩りの成否は犬が握っている。

司馬「西南戦争で、最後に宮崎の戦争が行き詰って、もう脱出か自滅かという時に、西郷は初めて犬を放っている。おまえたちどっかへ帰れよね、とね。そしたら一頭の犬はもとの飼主のところへ、つまり薩摩まで帰っているんです。だからずっと犬を友にしたどころか、戦陣にまでも犬をつれていたんですね。この頃になると、桐野ともあまりうまくいってなかったんで、もう犬と話しているだけなんですよ。戦争の時も、西郷はほとんど犬と一緒にいるだけなんですね。」

司馬「西郷の本営で会議が行われることもまれにあるけれど、それは常に各段階でのぎりぎりの状況下での会議なんで、ほとんどは桐野が取り仕切っていたんです。だから西郷のところには桐野は来ない。(略)つまり西郷がしょっちゅう顔を合わしているのは別府晋介と、それに犬だけなんですな。ほんとうは別府晋介よりも、犬の方が可愛いかったに違いない。」

別府晋介は元陸軍少佐。桐野の従弟にあたる。西郷を追って下野した。八代（熊本）での政府軍との戦いで重傷を負い、戦場の第一線に出られなかったため戦いの最後のころは、いつも西郷の近くにいた。西郷自刃の時、介錯したのが別府だった。数えで西郷の二十歳年下になる。

司馬「（略）子供に対しては、よその子供も自分の子供も平等だという大きな考えがあるんですね。ぼくはこの点は西郷さんの非常にすぐれたところだとおもうんです。」
尾崎「それもやはり若衆宿（郷村の若者組織）的発想ですね。」
司馬「若衆宿で出来上がった発想ですね。だから愛情のもっていき場所は結局若衆になるわけです。そして、ついには犬っころになってしまう……」
尾崎「最後に西郷が犬へいってしまったというのは、非常に象徴的で面白いですね。」
司馬「面白いと思います。」

敗色濃厚になったころ、最後は犬へ行ってしまったという話は、西郷の心象風景としては確かに面白い。しかし、気まずいことがあり、やることがないから、最後は犬というのは、現実の事象の理解の仕方としては単純すぎる。
西郷は最後に犬に行ってしまったのではない。最初からずっと犬と一緒にいたのだ。

4　ついに「戦争」が始まった

●陸軍大将の軍服を焼き、犬三匹を放つ

八月十一日、薩軍は大分県入りを目指して延岡を出発した。西郷は川舟に乗り、大分県境から流れて来る北川に入った。しかし連日の雨で水量が多く、川をさかのぼれず舟中で一泊、十二日、北川村熊田（延岡市北川町）に入った。「初めの一日二日はよい猟場を得たと兎狩りに没頭していたが、四面敵軍に包囲され味方が苦戦に陥ったと聞いて桐野に『そいじゃどこか打ち破らざなるめが』と言って陣頭に立つことになった。実兵を指揮せられたは、これが全戦役中、初めの終わりである」（大山誠之助《せいのすけ》談『大西郷秘史』）

西郷が兎狩りに没頭していたのは「最後は犬へいってしまった」からではない。周囲を政府軍に囲まれ、狭い村の中に追い込まれ、食料調達もままにならなくなっていたからだ。腹を空かせた兵士たちに食わせてやりたかったのだ。

薩軍は政府軍に包囲され、大分入りを断念した。十三日、長井《ながい》笹首《ささくび》（延岡市北川町）に戻り、十四日の軍議で延岡進撃を決定した。十五日午前八時、和田越《わだごえ》で決戦。薩軍は奮戦したが、政府軍銃砲の圧倒的な力の前に敗退した。それまでは周囲に押しとどめられて、直接銃弾に身をさらすことがなかった西郷は薩摩縞《じま》の単衣を着て、脇差を差し、銃弾飛び交う中、悠然と談笑していた。「お前たちはいつも、町人百姓の兵隊などと言うていたが、今日の官軍は強いじゃないか、もう日本もこれで大丈夫、安心じゃ、外国の何処《どこ》から攻めて来ても負くることはない」（『西郷臨末記』）。総勢三万人を超えた薩軍の兵士はこの時点で約三千五百人。敗勢を挽回しようがなかった。西郷はわざわざ銃弾に身をさらしているようにも見えた。その姿は平地にいる政府軍からも見えた。

翌十六日、西郷は解軍の布告文を出した。

「我が軍の窮迫、此に至る。今日の事、唯一死を奮《ふるっ》て決戦するあるのみ。この際、諸隊にして降《くだ》らんと欲するものは降り、死せんと欲するものは死し、ただその欲する所に任せよ」

西郷は宿陣にしていた長井俵野《ひょうの》の児玉熊四郎家の裏庭で陸軍大将の軍服、書類を焼いた。すでに官位官職は剝奪されていたが、西郷自身はまだ陸軍大将であることをやめたつもりはなかった。西郷は天皇の政府と戦うつもりはなかったから、自分が賊徒であることを認めるつもりもなかった。その西郷が軍服を焼いた。陸軍大将として西郷暗殺計画の「尋問」を断念したことになる。この時、西郷にとって今回の「尋問」は名実ともに「西南戦争」となったのである。

陸軍大将の軍服を焼いた民家の庭　西郷隆盛宿陣跡資料館

十七日夜、西郷ほか薩摩軍は延岡北方の可愛岳《えのだけ》（七二八メートル）の道なき道をよじ登り、政府軍包囲の突破を敢行した。その直前、陣中に連れて来た犬が放たれた。「戦争」である以上、普段と同じように兎狩りをしているわけにはいかない。犬を「戦争」に巻き込むことはできないのである。死地へ赴く時、愛犬家は犬を連れて行ったりしないものだ。

西郷が放した犬はすぐに姿を消したわけではなかった。立ち去り難く、周辺をうろついていたようだ。異様な雰囲気を察して、戦場に悲しげな犬の声が響いた。

陰暦七月九日の夜明け、可愛岳の囲みを破って退却の途についたが、険しい絶壁の下には立ち遅れた先生の愛犬が異様な悲鳴をあげて立吠えをなすので、敗軍の身ひとしお、断腸の思いがした。（従軍した中尾甚之丞談）

この時、放たれた犬は三匹だったようだ。「佐志《さし》産（薩摩郡さつま町）の黒ぶち・チゴは生家の押川甚五左衛門方に帰来し、郡山《こおりやま》産（鹿児島市）の茅毛《かやげ》（茶褐色）カヤは長井村で警視隊の巡査に捕らわれ、ほかの黒ぶち一頭はまったく形跡を失った」（『南洲先生新逸話集』）

薩摩の帖佐《ちょうさ》隊員として西南戦争に従軍した東条直太郎は十八歳の時、西郷にいわれて日当山温泉に数日泊まり込み、兎狩りの手伝いをしたことがある。帖佐隊は国分（霧島市）で降伏帰順し、東条は政府軍に編入された。

東条の回顧談によると、日当山で世話をしたカヤと黒毛白ぶちは西郷とともに十年の役（西南戦争）に出陣した。この二匹は可愛岳突出前、ほかの一匹とともに長井村で放たれ、二匹のうちの一匹を政府軍にいた東条が縄でくくり、「それより鹿児島城山落城まで飼育していたが、当時西郷従道閣下よりその犬をもらいたいと申し出があったので、まことに感きわまりながら直に差し上げた」という。東条が捕まえた犬がカヤ、黒毛白ぶちのどちらだったのか、はっきりしない。警視隊の巡査がカヤを捕まえたと『南洲先生新逸話集』にはあるが、東条は警視隊巡査ではない。「形跡を失った」黒ぶちを東条が捕まえた可能性もあるが、そのことを裏付ける証言もない。

大正二年九月、徳冨蘆花は西郷隆盛の足跡を訪ねる旅に出た。長井村で西郷の二番目の宿所だったという家を訪ねて、おばあさんから話を聞いた。警戒が厳重で西郷の顔を見ることはできなかったという。

どうしてあんた、だあれでも寄せつけさっさんもん、何も分かりやしません。犬だけ見ました。三疋――ぶちがおりました。ちゃんと犬の世話をする人が居《お》って喃《なあ》。けんど愛《え》の岳出らす時なあ、犬ば捨てさしたてったい。犬がなあ、もう気違いのごつなってなあ、もう一軒々々尋ねちさるきましたんげな。そら可愛そうなもんだったげな。なあ、畜生でもなあ。（『死の蔭に』）

犬は消えた飼い主を探し求めて鳴いた。おばあさんは犬は捨てられたと思ったが、西郷は犬を捨てたのではない。「生きよ」といって放したのだ。猟犬は自宅に帰る能力が優れている。長井村には老僕の熊吉、矢太郎が来ていたが、犬の面倒まで手が回らなかった。西郷の息子菊次郎が右脚を切断したため、その世話をしなければならなかったからだ。移動の時は背負わなければならなかった。菊次郎は可愛岳突破に加われず、政府軍に捕まり、西郷従道に預けられた。

西郷は従僕の吉左衛門と仙太を従え、可愛岳の崖をよじ登り、鹿児島・城山に向かった。

●城山の最期と犬たちのその後

政府軍と戦いながら、可愛岳から山岳地帯を突破してきた西郷以下薩軍約四百人は九月一日、鹿児島・城山、私学校一帯を占拠し、ここに陣を構えたが、ほどなく食料、弾薬は尽き、政府軍に包囲されて身動きできなくなった。城山には約三百人が立てこもった。

九月十四日、城山の洞窟住まいをしていた西郷は従僕の仙太を呼んで、家に帰るよう命じた。

「何か持ち帰る物がありますか」

「三本の刀のうち一本を持ち帰れ」

「金子《きんす》はどうしますか」

「いくらあるか」

「二万三千円ございます」

「まだそんなにあるか。家には必要のない金なので置いていけ」

「二、三千円くらい持ち帰り、奥様たちの小遣い銭にでもしてはどうですか」

「馬鹿め、この金は自分の手元金ではあるが、私学校の軍資金ではないか。不心得者が」

仙太が城山を去る時、西郷は村田新八と碁を打っていたという。西郷家には川口雪蓬《せっぽう》という学者が同居していて、留守宅の面倒を見ていた。川口は西別府の隠れ家で仙太の話を聞くうち「お前は逃げ出して来たのだろう」と怒り出し、仙太を追い出してしまった。（池平仙太の直話《じきわ》）

九月二十日、河野主一郎は西郷に面談を求め「賊名をこうむったまま世を終えるのは遺憾です。暗殺計画を質し、我々の大義を後世に明らかにするため、参軍（総司令官・川村純義《すみよし》）に派遣していただきたい」と語った。西郷は「子《し》の意に任せられよ」と答えた。河野はこの時、西郷の助命も求めるつもりだったが、そのことは口にしなかった。

二十一日、河野は山野田一輔《いちすけ》注5を伴い、白旗を掲げて薩軍の陣を出た。二人は磯の浜の集成館警視出張所で拘束され、降伏の理由を問われたが、「降人《こうじん》にあらず。軍使なり」と述べて参軍に面会を求めた。

二十二日、西郷は各隊長を集め、手書きの檄文《げきぶん》を示した。

「今般河野主一郎、山野田一輔の両士を敵陣に遣わし候義、全く味方の決死を知らしめ、且《か》つ義挙の趣意を以て大義名分を貫徹し、法廷において斃《たお》れ候賦《つもり》に候間《あいだ》、一統《いっとう》安堵し此の城を枕にして決戦致すべく候に付き、今一層奮発し、後世に恥辱を残さざる様に覚悟肝要にこれあるべく候也。」

これが西郷の絶筆となった。

二十三日、河野、山野田は拘束を解かれ、川村参軍が面会に応じた。河野が決起した理由について述べると、川村がいった。

「刺客のこと、事実ならば告訴、糾問《きゅうもん》の道がある。その道によらずして、兵を掲げ、自らその罪を問おうとするのは、すでに道を誤っている。国憲を犯すものだ。西郷隆盛にして余に言わんと欲する所あれば、速やかに余の陣に来られよ。然れども戦期すでに迫る。必ず本日午後五時を過ぐることなかれ」

河野は敵陣中に残り、山野田は伝令のため城山に戻った。「回答の要なし」。西郷のひと言ですべては決した。

（注5）一輔の読みは「かずすけ」「いっぽ」などがあるが、カタカナの電信文に漢字をあてた新聞記事に「市助」、従軍記にも「市助」と書いたものがあり、「いちすけ」とルビを振った。

二十四日午前四時、政府軍の総攻撃が始まった。鹿児島発電報――

川路大警視殿　安藤中警視

「只今進撃始まる。委細は実地を見て上申す」

三条太政大臣殿　有栖川《ありすがわ》総督

「今二十四日、官軍四面より城山へ攻む。午前四時開戦、同八時戦ひ全く治《おさま》る。賊魁西郷、桐野以下を斃《たお》す。余賊数百或いは死し、或いは降《くだ》る」（『鹿児島征討電報録』国立公文書館蔵）

西郷は「もうこのへんでよか」といって首を差し出し、別府晋介が介錯した。山野田は戦死し、敵陣にいた河野は生き残った。

可愛岳突出の直前、長井村から放たれた黒ぶちのチゴは、約二百キロの道を独りで歩き通し、佐志郷（薩摩郡さつま町）の元の飼い主、押川甚五左衛門宅に戻った。西郷と別れて三十七日後の九月二十三日、西郷自刃の前日だった。

西郷が犬を何匹連れていたか、正確なことはわからない。長井村で放たれたのは黒ぶちチゴ、茅毛カヤ、行方知れずの黒ぶちの三匹だったというが、このほかにも西郷は犬を連れて行った可能性がある。

辞令書を持参した上村直が西郷の兎狩りに同行した時に使われたカヤとソメ、人吉を出る時に犬を四匹連れていたという新聞情報、都農神社で目撃されたかや毛二匹、東条直太郎が長井村で捕獲し西郷従道に引き渡した一匹、近衛兵が連れ帰った黒毛二匹と大きな栗毛一匹。これらの犬が最後に放たれた三匹の犬とどのように重なっているのか、わからない。従者による犬の出入りも考えられる。西郷が連れていた犬の実数を確定させることは、もはや不可能だ。

西南戦争終わって一年八カ月後の明治十二年五月二十二日、読売新聞に「鹿児島産猟犬」犬探しの広告が載った。

鹿児島産猟犬
毛色黒、首筋足先白、身体地犬《じいぬ》の小ぶり、立ち耳、名はブチ。右本月上旬、何地《いずち》へか迷《まよい》去《さり》候に付、心当りの御方は左の所へ御報知被下度《くだされたく》、相当の謝儀を呈《てい》し候
永田町一丁目八番地　西郷

このころ西郷従道の邸宅は永田町にあった。今の国会議事堂の敷地の一角である。「相当の謝儀」を差し上げるというのだから、大事にしていた犬であることがわかる。この「鹿児島産

猟犬」は東条直太郎が捕まえて西郷家に届けた西郷隆盛の犬と考えていいのではないか。長井村で「形跡を失った」と『南洲先生新逸話集』に記されている黒ぶちがこの犬かもしれない。

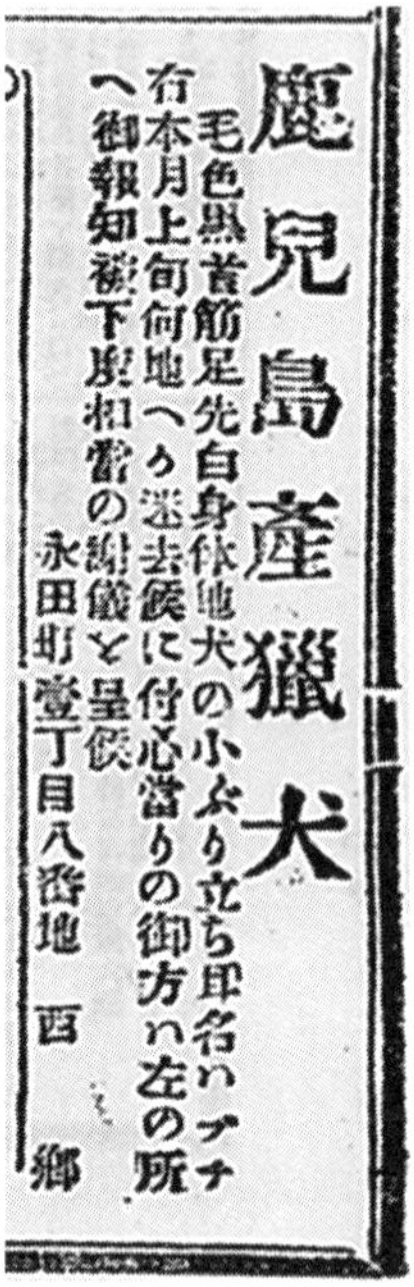

鹿兒島産獵犬
毛色黒首筋足先白身体地犬の小ぶり立ち耳名ハブチ
有本月上旬何地へり迷去候に付心當りの御方ハ左の所
へ御報知被下度相當の謝儀を呈候
永田町壹丁目八番地　西郷

読売新聞 明治12年5月22日付広告

第六章

狩りを始めた明治天皇

――西郷への追憶――

1　西郷自刃の衝撃

●西南戦争直前の京都行幸

西南戦争が始まる約三週間前の一月二十四日、明治天皇は父孝明《こうめい》天皇没後十年の式年祭に臨幸するため東京を出発した。横浜から船で神戸に行き、神戸から京都へは開業直前（神戸―大阪間は明治七年仮開業）の鉄道に乗り、京都御所に入った。「禁裏《きんり》様のお帰りだ」と停車場前は人であふれかえった。孝明天皇式年祭は三十日に京都・泉涌寺《せんにゅうじ》内の御陵であり、翌日以降は新しく開設された京都女紅場《にょこうば》の裁縫、手芸の天覧、上賀茂神社、下鴨神社の参拝などをすませ、二月五日に京都―神戸間の鉄道開業式に臨幸した。この時すでに内務卿・大久保利通は、鹿児島で事あらば、と考えていたに違いない。大阪鎮台の兵士を鉄道で神戸まで運び、神戸から船で九州へ向かわせるのだ。

十一日の紀元節（現建国記念の日）に奈良・畝傍山《うねびやま》の神武天皇陵に参拝した。幕末、勤王思想が高まるにつれ、神武天皇陵の所在が不明であることが問題になり、幕府が資金を出してこの陵を築き、この時が初めての天皇参拝だった。

十二日、陸軍大将西郷隆盛、同少将桐野利秋、同篠原国幹三人の連名で西郷暗殺計画「尋問」の通告文が出された。天皇は十四日に東京に帰る予定だったが、取りやめになり、太政官政府は東京から京都御所に移された。

西郷決起について大久保は「誠に朝廷不幸の幸と窃《ひそか》に心中に笑《えみ》を生じ候位《くらい》に有之候」と手紙で伊藤博文に書き送っている。鹿児島での銃器弾薬の無断運び出し、離反工作のための警視庁警部らの鹿児島潜入が功を奏し、私学校が暴発した。薩摩には海軍がない。銃器・大砲類は質量ともに薩摩を凌駕《りょうが》している。大久保は「勝てる」と読んでいたに違いない。

戊辰戦争の時、西郷を参謀とする討幕軍は錦の御旗を押し立てて官軍となり、賊軍の幕府を押しつぶした。あの時と同じように、西郷から政府を守るには、西郷に向けて錦の御旗を押し立てることが最良の策だったはずだ。天皇の政府としては当然のことだが、天皇は大久保政府に囲い込まれたともいえる。

三月になって天皇は公務を拒否し始め、大臣に会うことも避け、日課だった乗馬もやめてしまった。西郷と戦っている現状に得心《とくしん》がいかなかったのだろう。天皇が帰京したのは戦いの帰趨《きすう》が明らかになった七月三十日だった。

西郷が城山で自刃した翌日、天皇は皇后、女官に「西郷隆盛」という題で歌を詠ませた。天皇は「西郷の罪科をそしらないで詠ぜよ。今回の暴挙のみを論ずる時は維新の大功を覆うことになるから注意せよ」と話した。

皇后の歌——

薩摩潟しつみし波の浅からぬ

はしめの違ひ末のあはれさ
薩摩潟に沈んでいった波は浅くはなかった。初めの少しの食い違いが最後にあのような哀れな結末になってしまった。
天皇が賊徒の死を悼む歌を作らせるのは異例だ。自分が西郷を死なせてしまったのではないかという悔悟《かいご》の念が天皇にはあった。朝鮮へ特命大使として派遣することをいったん認めておきながら、岩倉具視の意見を入れて、中止させてしまったことだ。西郷は明治六年十月末に下野したが、その年の十二月、天皇は侍医のドイツ人医師ホフマンから酒の飲みすぎを注意され、夕食の日本酒をぶどう酒に、それもひと瓶に制限された。もともと酒好きだったが、西郷ショックで連日深酒をしたようだ。

●赤坂仮皇居で兎狩り

西郷が死んで三年三カ月たった。明治十三年十二月二十五日、天皇は赤坂仮皇居で近衛兵の操練を天覧したあと、野兎を近衛兵に追わせた。終わって将校、兵卒にぶどう酒、みかんジュース、菓子を賜《たまわ》った。

翌十四年一月十六日には外苑で近衛兵の兎狩りを天覧し、捕獲者十五人にメリヤス肌着、ハンカチーフ、近衛将校四十数人にみかん六十五箱を賜った。兎はこの日の膳に供せられ、天皇も食した。

この時の兎狩りは西郷がやったような、わなを仕掛け犬を使って追い立てる兎狩りとは違う。天皇の場合、少人数でこぢんまりと兎狩りをするわけにいかない。捕獲した野兎をやぶに放ち、天皇が侍従、近衛兵の配置を決め、勢子《せこ》役が追い立てた兎を生け捕りにした。

外苑で兎狩りがあって間もなくのこと、ちょっとした事件が起きた。近衛隊歩兵少佐の比志《ひし》島義輝《じまよしてる》（元薩摩藩士、のち陸軍中将）が御所警備当番として仮皇居に行った時のことだ。侍従から「これから兎狩りをします。兵を出して下さい」といわれた。比志島が「ここにいる兵は御所の守衛に来ております。ほかの任務につかせることはできません」と断ると、侍従は「これまでほかの将校はだれでも出しています」と気色《けしき》ばんだ。「他人のことは知りません。御兎狩りに兵を出すことはできません」と重ねて断った。すると侍従は「それならばよろしい。そのままお上《かみ》に申し上げる」といって奥に消えたが、ほどなく「きょうの御兎狩りはお取りやめになりました」と連絡がきた。何かおとがめがあるのかと思って待っているところへ山岡鉄太郎（鉄舟《てっしゅう》、当時宮内大書記官）が現れ、「君の言葉で、お上は兎狩りをお取りやめ遊ばされた。じつによく言ってくれた」と感謝された。その夜、比志島は侍従を通じて天皇からお菓子を賜った。以後、赤坂仮皇居での兎狩りは一度も行われなかった。

天皇は仮皇居での兎狩りはやめたが、今度は郊外に出て狩りを始めた。二月六日、駒場《こまば》（目黒区）、上馬《かみうま》（世田谷区）付近に行幸《ぎょうこう》し、兎狩りを行った。ドナルド・キーンは著書『明治天皇』で「天皇は突然兎狩りに熱中し始めた」と書いている。政務多忙による気晴らしのため、とキーンは解釈しているが、それだけではないだろう。西郷に対する追憶と悔悟の念が天皇に兎狩りを始めさせたように思う。

西郷が狩りの中でも特に兎狩りを好んでいたことを天皇は知っていた。天皇の侍医であるドイツ人医師ホフマンからも兎狩りのことを聞いていたはずだ。

明治六年六月、征韓問題が閣議にかけられる直前、肩や胸の痛みに悩む西郷のことを心配して、天皇はホフマンを小網町《こあみちょう》の西郷邸に往診に行かせた。肥りすぎで血の巡りがよくない西郷に下剤を処方し、毎日の散歩、脂肪分を取りすぎないこと、節酒を勧めた。元々酒はたしなむ程度にしか飲まない。そこで西郷は療養を兼ねて渋谷にある弟・西郷従道の別邸に移り住み、朝夕は犬を連れて散歩、近くの駒場に兎狩りにも出かけた。おかげで体調はぐんとよくなった。沖永良部島で西郷が世話になった土持政照《つちもちまさてる》が砂糖の自由販売問題で訪ねて来た時も、村田新八、桐野利秋を引き連れて兎狩りに案内している。

初めての兎狩り行幸で、天皇は騎乗して赤坂仮皇居を出発し、途中、西郷がホフマンの治療を受けた屋敷の前を通った。天皇が西郷を思い出さないはずがない。官位剝奪《はくだつ》の辞令書を持参した県庁役人が西南戦争陣中で兎狩りに行ったことも報告があったはずだ。西郷が好きだった兎狩りを天皇は追体験したかった。それが突然兎狩りを始めた真の理由ではなかったか。しかし今なお西郷は賊徒であるから、自分の思いを公然と口にできないだけなのだ。

総勢六十人以上が従った今回の狩りの収穫は「兎一羽、狸一頭」だった。

2　西郷への追憶と兎狩り

●庭で犬を飼う喜びを知る

慶応二年（一八六六年）十二月二十五日、孝明天皇が亡くなり、十六歳（満十四歳）の皇子睦《むつ》仁《ひと》が皇位を継いだ。慶応四年（明治元年）三月、イギリス書記官ミットフォードが京都御所で謁見《えっけん》した時の天皇は化粧をしていた。

我々が部屋に入ると、天子は立ち上がって、我々の敬礼に対して礼を返された。彼は当時、輝く目と明るい顔色をした背の高い若者であった。彼の動作には非常に威厳があり、世界中のどの王国よりも何世紀も古い王家の世継ぎにふさわしいものであった。（略）眉は剃られて額の上により高く描かれていた。頬には紅をさし、唇は赤と金に塗られ、歯はお歯黒で染められていた。このように、本来の姿を戯画化した状態で、なお威厳を保つのは並たいていのわざではないが、それでもなお、高貴の血筋を引いていることがありありとうかがわれていた。（ミットフォード『英国外交官の見た幕末維新』長岡祥三訳）

女性のように化粧をした天皇から男らしい天皇に変えようと、西郷は御簾《みす》の外に天皇を引っ張り出した。天皇は乗馬を好み、身体を鍛えた。難物だったのは「奥」を取り仕切る女官たちだった。何事も仕来たりだといって変えようとしない。香川敬三（皇后宮大夫《こうごうぐうだいぶ》）によると、西郷は「当節は、はなはだ（天皇の）御身辺がよろしくない。扇の骨削りが多くて困る。まずこれから改革しなくては、いかなる明天子《めいてんし》をも愚昧《ぐまい》にしてしまう」と当時の宮内官をののしったという。「扇の骨削り」とは役に立たない公家と公家出身の女官を指している。すでに削ってある扇の骨をさらに削って何の役に立つかというのだ。

明治四年八月、「奥」を取り仕切っていた女官が総免職され、代わって吉井友実（薩摩）が宮内大丞となり、以下高島鞆之助《とものすけ》、村田新八（薩摩）、有地《ありち》品之允《しなのじょう》（長州）、山岡鉄太郎（幕臣）ら硬骨漢が側近として天皇のお相手をした。「数百年来の女権、ただ一日にて打消し、愉快極まりなし」と吉井は日記に書いた。

四年十二月、宮中における肉食の禁が廃止された。それまでの食膳には魚や鳥の煮付け、照り焼き、塩焼きが並んでいたが、近代国家の君主にふさわしく獣肉も食べることになった。しかし天皇はすんなりと肉食を始めたわけではない。大久保利通が「日本人は肉食をし、牛乳を飲み、卵を食わぬから知恵も出ない、長命もしない、発明もできない」と申し上げた時、天皇は「よくわかったが、よく考えてみよ。弘法大師のような僧侶たちは（肉食をする）破戒僧ではなかった。肉を食わなくても千載《せんざい》に残る自分の抱負を実行できた。欧米とは気候、人種、風土の違いもある。よく内外の状態を調査してやるように」（千葉胤明《たねあき》『聖訓一斑《せいくんいっぱん》』）とお沙汰があった。天皇の食卓には牛肉、羊肉が供せられ、豚鹿猪兎の肉も少量ではあるが時々口にした。ただ刺身はいつまでも食べなかった。

五年二月、人の出産に伴う穢《けが》れ・物忌《ものい》みが廃止された。

六年二月、人の死や葬礼、牛馬羊豚犬など獣類の死や出産に伴う穢れ・物忌みの制が廃止された。明治天皇は千年も続いた犬の死穢《しえ》、産穢《さんえ》の束縛から解放された最初の天皇だった。犬の死体が同じ建物の敷地内にあると五日の物忌み、建物内や縁の下で犬がお産をすると三日の物忌みとなり、宮中の行事は中止された。ほかに犬が人の死体の一部をくわえて来る咋入《くいいれ》という物忌みもあった。やっと欧米並みに天皇が自由に犬を飼える時代が到来したのである。

同じ日（二月二十日）、天皇が断髪した。薄く塗っていたおしろいも同時にやめた。

六年五月五日、わら灰の残り火が原因で女官の物置小屋から火が出て皇居が炎上、天皇は赤坂離宮に移り、ここが仮皇居に定められた。赤坂離宮（現在の迎賓館、東宮御所）は旧紀州家上屋敷だが、主要な建築物はすでに撤去されていたため、わずかに残っていた昔のままの建物を仮皇居にあてた。当時女官をしていた下田歌子《うたこ》（歌人、実践女子学園創立者）は「それはそれはお狭いものでございました」と語っている。皇后の部屋でさえ十畳一間だった。ただ庭は広大だった。うっそうと木が茂り、夏には蟬《せみ》の声で天皇の声が聞き取れないほどだった。

この広い庭で天皇は犬を飼った。かつての天皇は女官に囲まれ、狆《ちん》のような座敷犬を飼っていたが、天皇は御簾の中から飛び出すことによって、庭で犬を飼う喜びを発見した。「陛下は犬が御好きで赤坂仮皇居の時分にはたくさんおりましたが、みな御庭で御飼いになっておりました」（元侍従・日野西資博《すけひろ》談『「明治天皇紀」談話記録集成』）。最初のころ犬の世話は女官がやっていたが、ある時、下田歌子が右手を犬にかまれ、軽いけがをしたため、天皇は女官に犬の世話をさせるのをやめさせた。

仮皇居に移って一ヵ月後、天皇は侍医ホフマンを西郷のもとに派遣した。兎狩りの効果もあって西郷は健康を回復しつつあった。天皇は西郷のように庭で犬を飼い始めたが、兎狩りの話を聞いても、同じように始めようとは思わなかっただろう。命あるものを天皇自ら仕留めて食べることなど、ここ千年ほど絶えてなかった。

明治天皇には食料になる動物がしばしば生きたまま献上された。明治九年六月の東北巡幸では、日光・中禅寺湖畔で村民から生きた大鹿が献上された。天皇は下賜品を与え、村人を返したあと、侍従に「鹿は放してやりなさい」と命じた。供奉《ぐぶ》していた土方久元《ひじかたひさもと》（元土佐藩士）は感激して「深き仁《じん》は麋鹿《びろく》（大鹿と鹿）に及ぶ」と漢詩に詠んだ。

鰻や鯉は蓋つきの桶に入れられ、ウズラのような鳥は籠に入れられ献上された。天覧のあと、天皇はこれらの献上品を食べようとはしなかった。魚は池に、鳥は庭に放させた。副島種臣（元佐賀藩士）は「恩、禽獣に及ぶとはこのことか」と涙を流した。

ところが、ここで問題が起きた。献上された生き物を庭に放つのはいいが、池が魚であふれてしまったのだ。天皇の信頼厚い吉井友実が意見を述べることになった。「陛下の恩沢は禽獣に及ぶとは申しますが、ひるがえって考えますと、献上した者の心は、新鮮な魚鳥を召し上がっていただきたいということにあります。禽獣への御愛憐《あいれん》が過ぎますと、献上者の誠意を入れられなかったことにもなってしまいます。これでは大君《おおぎみ》の御度量とは思えません」。天皇は微笑して「今後は食膳に上らせて臣下の誠意を味わいましょう」と答えた。(坂本辰之助『明治天皇』)

たとえ食料にするためでも、自ら動物の命を奪うことは忍び難い。天皇はそういう経験をしたことがない。犬を飼い始めても、これでは狩りをする気にはならないだろう。その天皇が率先して兎狩りを始めたのだ。この大転換をもたらしたものは何か。西南戦争後も天皇は「あの時に西郷はこういった」「このような折には西郷はこうした」(渡辺幾治郎《わたなべいくじろう》『明治天皇の聖徳　重臣』)と何かにつけ話をした。「西郷はこんなことをしていたのか」――天皇を兎狩りに駆り立てたものは西郷への追憶だったように思われる。

●多摩で本格的な兎狩り

明治十四年二月六日の上馬での兎狩りはほんの小手調べだった。天皇はもっと本格的な狩り旅行に出かけようと思った。翌日、侍従長の山口正定《まささだ》に次の狩りの下見を命じた。以下、山口正定日記「野鶴亭日乗《やかくていにちじょう》」(『明治天皇の御杖《おんつえ》』所収)を要約する。

六日　晴

明け方、荏原《えばら》郡あたりへ行幸（駒場行幸）、兎狩あらせらる。勢子などを務めたため、すこぶる疲労する。夜八時、還御《かんぎょ》（天皇、皇居へ戻る）。兎一羽、狸一匹を獲《え》たり。

七日　晴

明八日より八王子辺へ狩場見分として出張仰せつけられる。

八日　美晴

午前六時、参朝。馬車で八王子に向う。連光寺《れんこうじ》村（多摩市）で兎狩の場所を見分《けんぶん》す。日暮れ八王子着。（地元民の案内で、麦を食い荒らした兎の足跡を確認）

九日　晴

高尾山付近の兎狩連山跋渉《ばっしょう》。土地の猟師の話では、深山深雪《しんざんしんせつ》、猪鹿徘徊《はいかい》す。城山で猪二頭、子六匹連れて徘徊。狩すれば、必ず一、二頭獲《と》れるだろうとのこと。喜び躍る。青梅《おうめ》に宿す。

十日　晴　春暖

青梅から山に入る。猪兎ともに不猟とのこと。所沢に投宿す。

十一日　晴

午後二時帰京。直ちに参朝。

十二日　晴
参朝、拝謁。猪・兎狩の見込を言上《ごんじょう》。龍顔《りゅうがん》（天皇の顔）ことに麗《うるわ》しく、即時に、来たる十八日東京御発輦《ごはつれん》（出発）、八王子辺へ猪狩と行幸仰せ出だされたり。

山口侍従長の報告を聞いて明治天皇は大変喜んだ。即断即決で狩りに行く日を決めた。日記には書かれていないが、天皇は十日に皇居吹上《ふきあげ》御苑で近衛隊の練兵と兎狩りを天覧している。いよいよ実際に山野に出向き、動物の狩りを体験できる。天皇は狩り行幸を心底楽しみにしていた。侍従長は十五日午後、吹上庭園で天皇「御買上げの猟銃打ち試し」をしたが、「十に九は命中」した。十六日は「飛雪《ひせつ》紛々」。侍従長は先発隊として連光寺村に行き、村民五十数人を動員して兎六匹を捕獲した。村人にはこの日の賞与として総額で九円五十銭が下付され、無傷の兎五匹は天覧のため直ちに赤坂仮皇居に運ばれた。

十七日は狩りの準備。十八日には伏見宮ほか皇族、政府要人が一足早く現地入り。猪が一頭仕留められ、夜、みんなで腸を煮て酒を飲んだ。翌日が狩り天覧の日である。

十八日、快晴。午前八時、天皇は馬車で赤坂仮皇居を出発、午後四時半、八王子の宿泊先の民家（行在所《あんざいしょ》）に入った。

十九日、快晴。午前六時、天皇は馬で宇津貫《うつぬき》村御殿《ごてん》峠に向かう。山道は雪があるため草鞋に履き替え、兎狩りを指揮した。山岡鉄舟が兎を一匹生け捕りにして、天皇に御覧に入れた。追われて来た兎が偶然懐に飛び込んで来たところを、そっと抱き止めたのだ。さすが剣術の達人と評判になった。狩り場には兎を捕獲する網が張られ、「相当の御獲物」があった。みな檻《おり》に入れて生きたまま皇居に持ち帰った。この日は別動隊が猪を三頭仕留めた。

二十日、微雪《びせつ》。午前七時、馬車で八王子を出発。途中馬に乗り換え、連光寺村に行く。地元の村々から百五十数人が動員された。狩子はほら貝を鳴らし、鬨《とき》の声を上げて兎を狩り立て、五匹捕獲に成功した。村人には総計で七十八円が賞与として下賜された。

「夜、府中の行在所に至る。聖上《せいじょう》、ことのほか御満悦にて、酒肴《しゅこう》を拝領する。猪狩りの始末を言上する。兎狩りの聖談を拝聴する。」（山口正定日記）

二十一日、天皇は仮皇居に戻った。よほど楽しかったのだろう、一週間ほどして天皇から侍従長に再び八王子へ兎狩り出張の仰せがあったが、侍従長の山口は「過日の狩りで麦畑を踏み荒らし、重ねて兎狩りに行くとなれば世評がどうか心配になります」と言上し、天皇も思いとどまった。

この年、御遊猟場掛《ごゆうりょうばかかり》が置かれ、翌十五年、連光寺村一帯が御遊猟場に指定された。十五年と十七年にも天皇は府中に行幸し、連光寺村で兎狩りをしている。

ところで多摩の兎狩り行幸に出かけた時、赤坂仮皇居には猟犬が何頭かいたはずだが、連れて行った形跡がない。猟に使える犬がいなかったせいだろう。猟犬は、調教・訓練をしなければばならない。猟犬が喧嘩をしたり、獲物を勝手に追い散らかしたり、食ったりしたのでは使い物にならないからだ。

二十年、代々木御料地《ごりょうち》の一角に天皇の犬飼育場が作られた。この土地はかつての井伊家の下屋敷、現在は明治神宮になっている。二十一年、御遊猟場掛は狩り、猟場を管理する主猟《しゅりょう》局となり、二十六年には猟犬の飼育を担当する「御手元犬飼養方《おてもといぬしようかた》」が設けられた。「御手元」というのは「天皇の手元」という意味で、猟犬が天皇の飼犬であることを意味している。

二十二年、天皇は赤坂仮皇居から新宮殿（明治宮殿）に移った。皇居は「表」と「奥」に分かれている。「表」は天皇の公的空間である。「奥」は天皇の私的空間である。日常の執務は「表」の「常御殿《つねのごてん》御学問所」で行う。その学問所の庭に「御犬除角柵《おいぬよけかくさく》」が設けられた。工事概算書（宮内省文書）に「御犬」と明記してあるから「天皇の犬」のための設備であることがわかる。「表」の庭で飼っている犬が座敷に上がったり、縁の下から出て行ったりするのを防ぐためのものだろう。両開きの出入口が四カ所に設けられた。（『東京市史稿　皇城篇』）

「奥」と「表」は杉戸と長い廊下で隔てられている。「奥」の庭にも別の犬がいた。「皇后宮常御殿」に面した中坪（中庭）の「御犬溜り」の周囲に木戸門のついた塀や角柵が設けられた。元典侍《てんじ》（女官）の小倉文子《おぐらふみこ》は「中庭にも大庭にもたくさん御犬がおりましたが、（明治天皇の）崩御前にたいてい亡くなりました」と述べている。

●憲法発布、賊徒の汚名除かれる

明治十六年十二月、天皇は宮中で高島鞆之助《とものすけ》に「西郷には子供がいるか」と尋ねた。「二、三人おります」と高島が答えると「隆盛の末路はよくなかったが、国のために勤めた者であるから、子供は留学でもさせ、しかるべく取り立ててはどうか」と述べた。

翌年四月、西郷の長男寅太郎が鹿児島から呼び出され、天皇に拝謁した。吉井友実から天皇の御手許金で洋行する話が出たが、「父の賊徒の汚名解消を先にしていただきたい」と述べ、鹿児島に帰った。その後、「軍人として国に奉公したい」と考え直し、ドイツ留学が決まった。プロシア陸軍士官学校に学び、同国陸軍少尉となる。日清戦争で帰国。のち陸軍大佐、侯爵。

奄美大島生まれの菊次郎は西南戦争で重傷を負い、右脚を切断。明治十三年、妹菊子が西郷の従弟・大山誠之助と結婚したあと、いったん奄美大島に帰り、一年ほど母愛加那と暮らした。父に命じられアメリカ留学の経験がある菊次郎は明治十七年、外務省に入り、米国公使館勤務となる。のち台湾基隆《キールン》支庁長、宜蘭《ギーラン》庁長、京都市長。

西郷の「賊徒の汚名」が晴らされる日が来た。明治二十二年二月十一日、大日本帝国憲法発布による大赦が行われ、同時に「勤王憂国の士にして、その事蹟最も顕著なる者に、特旨を以て贈位し」、西郷隆盛に正三位、藤田東湖、佐久間象山、吉田松陰に正四位が贈られた。

「隆盛は維新の元勲にして、大政復古の偉業に与《あず》かりて其の功績甚だ顕著なり。不幸にして反乱の罪を得て、官位を褫奪《ちだつ》（剝奪）せられたるも、今大赦の令あり。（略）茲《ここ》に旧勲を録し、曽《かつ》て享受せし位階に據《よ》りて正三位を贈られしなり。」（『明治天皇紀』）

天皇は西郷が自分に反旗をひるがえしたのではないことを知っていた。西郷を復権させたことで天皇の心の内なる西南戦争は終わった。

第七章

西郷と犬、銅像になる

1　なぜ犬連れ像になったのか

●建設地、上野に決まる

明治政府の中枢を占める薩摩人の多くは、相変わらずの西郷信奉者である。西郷の盟友であり、明治天皇の信頼厚い吉井友実（当時宮内次官）の発案で、賊徒の汚名の消えた陸軍大将西郷隆盛の銅像が建設されることになった。建設委員長は同じ薩摩出身の樺山資紀である。樺山は薩軍が熊本城を攻めた時、籠城を指揮していた熊本鎮台参謀長だった。生き残った明治政府の薩摩人には西郷鎮魂の気持ちがきわめて強い。天皇から五百円の下賜金があったことをきっかけに、西郷銅像建設の話は一挙に具体化した。

明治二十二年十月、銅像図案の募集が始まった。

贈正三位西郷隆盛君銅像図案懸賞募集

一　馬上高さ二丈以下一丈以上の事
一　陸軍大将の軍服を着する事
一　場所は未定なれど東京市内の公園に装置の事
一　賞金百円の事（以下略）

（明治二十二年十月十一日、読売新聞告知広告）

馬に乗った陸軍大将の西郷像である。当然、犬は連れていない。場所は「東京市内の公園」となっているが、皇居前の広場に建設する計画だった。ところが、大赦により贈位はされたが、かつて賊徒であった者の像を皇居前に建設するのはどうであろうか、と疑義が出て、上野公園の現在地に決まった。

同年十二月、銅像建設のための募金が始まった。

遺像《いぞう》建設　並《ならびに》　募金手続

一　遺像は上野公園地内に数丈の高サに石を畳み其上に翁の乗馬したる銅像を安置すべし。但し建設の位置、体裁を更変《こうへん》する時は発起人及委員協議を以て決定す。（以下略）

（明治二十二年十二月六日、読売新聞告知広告）

募金には約二万五千人が応じ、約三万二千円が集まった。図案は初めは公募だったが、これだけの銅像を制作する能力があるのは東京美術学校（現東京藝術大学）だけだった。同じころ制作が始まった皇居前広場の楠公像《なんこう》（楠木正成《くすのきまさしげ》銅像）は同校が委託を受け、明治二十六年三月に木彫の原型が出来上がり、皇居で天覧の栄に浴した。顔は高村光雲《こううん》、胴体は山田鬼斎《きさい》、馬は後

紀念銅像建設趣意書

西郷隆盛氏、夙《つと》に（早くから）勤王の大志を懐《いだ》き、国事に奔走して屢《しばしば》危難を冒《おか》し、鼇海《げいかい》（鹿児島湾）の波濤《はとう》、南島の炎瘴《えんしょう》（熱病）、性命《せいめい》を犠牲にして顧みず、遂《つい》に王政復古の偉業を翼成《よくせい》し、維新の元勲たり。朝廷擢《ぬきんで》て枢機《すうき》（要職）に列し、大将に陞任《しょうにん》（昇任）す。恩遇隆渥《おんぐうりゅうあく》（天恩厚く）、聲名《せいめい》顕著、児童走卒《そうそつ》（使い走り）と雖《いえど》も之を識《し》らざるなし。且《かつ》其器宇《きう》（度量）の恢弘《かいこう》なる（広く）、胸襟《きょうきん》の磊落《らいらく》たる、実に蓋世《がいせい》の（非常に優れた）偉人なり。惜《おしむ》かな晩節終《お》へず身を鋒鏑《ほうてき》（刀と矢）に殞《おと》す（命を失う）。吾儕《わがせい》（わが仲間）或《あるい》は共に国事を議し、或は同《おな》じく艱苦《かんく》を嘗《な》め、親炙《しんしゃ》（親しく接し感化を受け）追随既に久《ひさし》く、氏の聲音笑貌《せいおんしょうぼう》今猶《なお》歴々目前に在り。今般　朝廷其奮勲《ふんくん》を録せられ、贈位の恩命あり。吾儕　聖旨《せいし》を拝し感泣措《かんきゅうお》く能《あた》はず。爰《ここ》に相謀《はか》り、一地を卜《ぼく》し（選び）、氏の遺像《いぞう》を設置し、以て紀念とせんと欲す。我儕と同感の諸君は左の條款《じょうかん》に依《よ》り賛助あらんことを希望す。

※広告画像一部省略（一字空きは、天皇や朝廷が出て来る時は、そうする習慣だった）

藤貞行《さだゆき》が制作した。建設委員会は実績のある東京美術学校に西郷像の制作を委託し、西郷隆盛は高村光雲、犬は後藤貞行が原型を彫り、岡崎雪声《せっせい》が鋳造を担当した。

●犬連れ像を推した榎本武揚

西郷像の原案は図案募集広告にある通り馬上の陸軍大将像だった。銅像制作責任者だった高村光雲が大正時代の中ごろ、上野の銅像について昔語りをしている。馬場鉄中《てっちゅう》『南洲手抄言志録解《しゅしょうげんしろくかい》』によれば、元勲の意見をいろいろ聞いたが、どんな像にするのか話がなかなかまとまらなかったという。生粋《きっすい》の江戸っ子・光雲がべらんめえで語る。

大山（巌）、松方（正義）、樺山（資紀）、榎本（武揚）なんてところに西郷従道侯、そんな人達のところへ度々《たびたび》よばれてね、飯を食いながら色々話を聞くんだ。結局煎じ詰めたところが、とにかく六尺以上の男、猪首《いくび》で背中が円くて非常に肥えていたということになり、ああでもない、こうでもないの末が軍服の（木像原型）を一つこしらえた。

その時の参考に借りた西郷どんの靴だの、ズボンだの、帽子だのを見て、おらあ胆《きも》をつぶしたよ。帽子をかぶって見るとぶかぶかで、額との間に拳が一つ入って丁度よい。帽子の帯紐を下げてみると顎《あご》の下へ拳が二つ入る。それが汗染《あせじ》みていたから、西郷さんとはぴったり顔にくっついていたものに違いねえんだから大変さ。ズボンをはくと乳の上まで来るね。まるきり五つ六つの子供が大人の物をはいているような始末なんだ。帯皮（胴回り）でみると胴がわれわれの二つ倍。そこで丈《たけ》だが、六尺以上の事はたしかだけれども、サア六尺何寸何分だかわからねえんだ。その辺のところでこしらえたサーベル姿が元勲たちの気に入らなくて、次には韮山笠《にらやまがさ》にぶっさき羽織、これもペケ。銅像なんてものは、顔は兎に角として、ちょっと見た眼《め》がその人物らしくなくちゃいけねえ。それにダンブクロ（和式ズボン）の様子が大体あまりよくねえンでこれも取止めて三度目が現在の奴だ。

最初に作った原型は陸軍大将軍服、サーベル姿だったが、元勲たちがウンといわない。次が韮山笠、ぶっさき羽織、ダンブクロ姿。ほとんど頼朝の富士の巻狩りのイメージだ。実際にはそれに似た姿で狩りをしていたのだが、見た目が西郷隆盛らしくないので、採用にならなかった。犬連れ西郷像は三作目だった。

ところが銅像なんてえものは威儀を正した堂々たるものにすべしッてような考えだった当時だから、みんなを持ち廻ってみると、全く西郷には相違ないが、あの姿にはまたいろ〳〵と議論が出た。あんな風なのはいかんというのだ。

それを榎本武揚《ぶよう》さんが「こりゃ本当に西郷じゃ。日頃の生活も偲《しの》ばれるし、趣味も偲ばれる。殊《こと》に大好きじゃった兎狩の姿とは良い思いつきじゃ。何もしゃちこばったものでなくともよろしい」という議論で大賛成。結局あの姿と決定した。（『南洲手抄言志録解』）

ああでもない、こうでもないの議論に終止符を打ったのが榎本の発言だった。幕府の海軍副総裁だった榎本は官軍への軍艦引き渡しを拒み、軍艦八隻を率いて箱館（函館）に向かい、蝦夷《えぞ》島《とう》政府を樹立した。明治二年五月、五稜郭の戦いに敗れ降伏。長州の木戸孝允は榎本を厳罰に処することを主張したが、西郷は寛大な処分にすべきだと反対し、一命をとりとめ禁錮《きんこ》刑となった。のち特旨を以て罪をゆるされ、政府の海軍卿、文部大臣などを歴任する。西郷は恩人だった。

●西郷像の身なりの発案者は大山巌

榎本の発言がきっかけで、議論はまとまったが、「薩摩《さつま》絣《がすり》の筒袖《つつそで》に兵児《へこ》帯《おび》姿、左腰に短刀を差し、帯に兎わなを下げ、草鞋履き、右手に猟犬を引き連れた西郷像」はだれの発案なのだろうか。

建設委員長・樺山資紀の長男樺山愛輔《あいすけ》によると、発案者は西郷の従弟の大山巌（当時陸軍大将）だった。

大山さんはイタリーのガルバルヂー（ガリバルディ、イタリア統一の英雄）の銅像から思いついた。シャツ一枚の姿で革命の先頭に立ち、民衆を率いるというあの素朴で勇ましい真実の姿を思い出したのである。そこで西郷さんの真面目《しんめんぼく》を現すには、一切の名刺を捨てて、山に入って兎狩りをした、あの飾りの無い本来の姿がよかろうとなって、単衣《ひとえ》に兵児帯姿のあの銅像となったわけである。（『父、樺山資紀』）

大山の発案に樺山資紀、西郷従道らが賛同した。西郷の犬には大山も思い入れがあった。大山は明治三年、普仏《ふふつ》戦争見聞後、帰国。四年に再び渡欧し、フランスで砲術などを学んだ。留学中に西郷の下野があった。七年四月、三条実美、岩倉具視は吉井友実をパリに送り込んだ。吉井は大山に会い、西郷を東京に呼び戻すため力を貸してほしいと説得した。十月、大山は鹿児島に帰り、西郷に上京を促したが成功しなかった。その後、大山は「普仏戦争が再度始まりそうだから視察に行きましょう」と欧州視察旅行に西郷を誘ったが、吉野開墾社の事業があることを理由に西郷は誘いを断った。その断り状（明治八年四月五日）の中に犬の首輪のことが書いてある。

犬の首たま（首輪）の見本送っていただき、かえって舶来ものよりよろしいのですが、首綱を三寸ばかり長くして四、五本下さいますよう合掌いたします。今一つは少し（首輪の）

幅も大きくして、（首綱の）長さも五寸ばかりのばしていただきたくお願い申し上げます。

（要約）

銅像の犬の首たま、首綱は大山が送った特注品をもとに作られたものだろう。

西郷従道は西南戦争中に捕獲された西郷の犬を自宅に引き取った。犬についての思い入れはほかの人よりも深い。

東京美術学校の運動場の脇に小屋が作られ、大勢で西郷像の木型を制作した。高村光雲の息子・光太郎は小学校の帰りにそこを通るので、始終立ち寄って見ていた。

あの像は、南洲を知っているという顕官が沢山いるので、いろんな人が見に来て皆自分が接した南洲の風貌を主張したらしい。伊藤（博文）さんなどは陸軍大将の服装がいいと言ったが、海軍大臣をしていた樺山さんは、鹿児島に帰って狩をしているところがいい、南洲の真骨頂はそういうところにあるという意見を頑張って曲げないので結局そこに落ち着いた。南洲の腰に差してあるのは獲物を捕る罠である。樺山さんが彼処《あそこ》で大きな声で怒鳴りながら指摘していたのを覚えている。（高村光太郎『回想録』）

西郷隆盛銅像（東京都台東区上野公園）

西郷が犬を連れて兎狩りに行く姿である。左の腰に下げているのは兎の通り道に仕掛ける兎わなである。実際にはこのような着流し姿では狩りに行かなかった。西郷像はわらじ履きに素足である。狩りに行く時、西郷は狩猟用の足袋を履く。素足、むき出しの足の脛《すね》では、すり傷だらけになってしまう。

西郷像は散歩しているように見える。犬に首綱をつけ、散歩する習慣は文明開化とともに日本に入って来た。ここには新しい時代の日常がある。狩り姿と普段着の西郷が混然となっている。西郷が生きてきた時間と空間が着流し兎狩り姿の銅像に凝縮されている。そこに芸術作品としての飛躍がある。

犬は小さい。西郷像の高さは1丈2尺（約360センチ）で、実物（身長180センチ）の倍あるが、それをもとに計算すると犬の体高は31~32センチ前後。柴犬よりも小さく、ダックスフンドよりは大きい。これでもモデルになった薩摩犬よりも大きく作った。モデルの犬は西郷が飼っていた犬ではない。薩摩出身の海軍中将・仁《に》礼《れ》景範《かげのり》が飼っていた桜島産の犬で、サワという名のオス犬である。明治31年12月18日、除幕。

2　顔は似ているか

●キヨソーネの肖像画への評価

銅像の顔をどうするか、高村光雲は苦心した。

　第一西郷どんの写真がねえ。あるにはあったんだが、書生時代のぼやぼやのものでね。大勢の中に混じって、これが木戸だ、大久保だなんていうけれど、ちっともわかりゃしねえのさ。よしまたわかったところで、そんな古いんじゃ使い物にならねえ。（『南洲手抄言志録解』）

西郷は写真を撮ったことはないので、光雲が見た写真に写っていたのは別人だったはずだ。息子の菊次郎が明言している。

　父は生前写真というものは唯の一度も取（撮）ったことがありません。外の方と同列で取ったというものもないのです。なぜ取らなかったか分からない。強いて推測すれば、かかる微功《びこう》だになき肖像を後世に遺《のこ》す必要がないという謙遜から来たようにも思われる。か

つて在職中のことですが、畏《かし》こきあたりより写真を取るようにとのお言葉があったという
ことです。しかしこれもそのままになって仕舞いました。今日家に伝えてありますのは大
分前のことですが、親属《しんぞく》のものらが父の肖像を得たいという希望がありまして、やむを得
ず私がその案を立てた。ソレは、額は誰、眼や鼻や口は誰というように、一々兄弟や、近
親の顔の一部分宛《ずつ》ツギハギして、どうやら父の俤《おもかげ》に似たものが出来た。ところがその時の
印刷局長が得能良介《とくのうりょうすけ》（長女が西郷従道の妻）でこれまた親属の一人ですが、丁度この印刷局
にキヨソネ（キヨソーネ、イタリア人画家）というお雇教師がおりましたので、私の案をば
同氏に送って描かせたのが、丈《たけ》約二尺の洋服半身の鉛筆画です。これが今世の中に在る父
の肖像画中、比較的正確なものです。（『思ひ出づるまゝ』）

西郷隆盛銅像はこの肖像画も参考にして制作された。

明治三十一年十二月十八日、西郷隆盛銅像の除幕式が行われた。西郷夫人イト、忠僕永田熊
吉も出席した。勝海舟は出席を渋った。「西郷の銅像を上野に建てたとて、それが何だい。銅
像はオーキニ有難うって御礼を言うかい。ヘン、銅像は口をきかないよ」（『氷川清話』）。勝に
は「西郷を死に追いやった原因を作ったのはそもそもだれなんだ。何を今さら」という気持ち
がある。自宅を訪ねて来た樺山資紀に「人造の銅像のあたりには行かぬから」と断ったが、樺

西郷隆盛肖像　キヨソーネ画
出典『南洲翁逸話』

山が「あなたと南洲翁の関係はあの世まで離れられません。看板に来てくださいというと「よろしい、看板なら参りましょう」と応じた。当日、勝海舟はイト夫人から「あなたがお出で下さったゆえ西郷もあの世で喜んでおりましょう」といわれて思わず涙をこぼした。一カ月後、勝は盟友のもとに逝った。享年満七十六歳だった。

式典は建設委員長樺山の報告で始まり、除幕式委員長川村純義の挨拶、陸軍元帥山県有朋の祝辞に続いて、西郷従道令嬢桜子《さくらこ》の手で幕が切り落とされた。

犬を連れた庶民的ないでたちの西郷像は驚きと好感をもって迎えられた。

「其銅像右手にて猟犬を曳き左手を以て腰間佩刀《ようかんはいとう》の鯉口《こいぐち》を押え天の一方を睥睨《へいげい》す」（朝日新聞）

「身には薩摩絣の筒袖を着け、短刀を帯び、右手にその愛犬を引き、素朴潤達《じゅんたつ》なる翁の風采はまさに縦横に躍如《やくじょ》たり」（雑誌『太陽』）

犬がいるから西郷が生き生きとして見える。犬がいなければ、もっと味気ない銅像になっていたに違いない。

●「こげな人じゃなかった」発言の解釈

除幕式に出席した西郷イトが「やどんし（主人）は、こげな人じゃなかったこて」といったという話が伝えられている。式のあと新聞記者に感想を聞かれた時の言葉らしいが、出典不明のまま広く知られるところとなった。

イトの「こげな人じゃない」発言は「顔が似ていない」という意味なのか、「こんな格好で人前に出るような人ではない」という意味なのか、解釈が分かれる。

西郷没後六十年後の昭和十二年、鹿児島に陸軍大将姿の西郷隆盛銅像が完成した。上野の犬連れ西郷像とあまり顔が似ていない。陸軍大将像を制作した安藤照《てる》は、西郷の息子午次郎、弟小兵衛の妻松から「キヨソーネの肖像画は西郷従道侯に近い」という話を聞き、「本当の西郷隆盛をつかみ出す可《べ》く追及」（『大西郷と銅像』）して銅像を完成させた。上野の西郷像が本物と似ているかどうかという議論はこのころから始まったようだ。

雑誌『明治大正史談』（昭和十二年六月）に掲載された山根兀《こつ》「上野公園　西郷さんの銅像誕生由来記」には「かくて、西郷従道侯令嬢の手によって幕は切って落とされたが、糸子夫人はこれを見て『よく肖《に》（似）申して居る』と非常な満足であったというから、西郷さんの風貌も上野の銅像と大差ないのであろう」と書かれ、イトが「似ている」といったことになっている。西郷菊次郎は台湾総督府に勤務していたので除幕式には出席しなかったが、後日、上野の銅像について「眼光を除くの外は先《ま》ず難はないものといってよかろう」（『思い出づるまゝ』）と述べている。菊次郎によれば、西郷の眼は黒目勝ちでこわかったという。それ以外は問題なしとする。

樺山愛輔（資紀の長男、白洲正子の父）は西郷の特徴は「情愛に弱く、不思議に力強い」唇に

鹿児島の陸軍大将姿の西郷像

上野の西郷像

鹿児島の西郷像

鹿児島の西郷像の写真は鹿児島市提供

あったという。「銅像が出来てからこれを見た未亡人が『似て居りません』と云ったそうだが、大体の風貌はあの通りとしても、個性的な魅力のある唇のもつニュアンスとでもいうか、そうした二つとない魅力的なものを現すことは不可能であったわけだ」(『父、樺山資紀』)。こちらではイトが「似ておりません」といったことになっているが、唇以外は問題なしとする。

人の見る目はいろいろだが、上野の西郷像はまずまず似ているといっていいのではないだろうか。弟西郷従道、従弟大山巌、西郷の従妹が妻の川村純義、建設委員長の樺山資紀ら西郷をよく知る面々が原型を見て、修正しながら出来上がった銅像である。城山総攻撃直前、挙兵の大義弁明のため政府軍中に出向き、心ならずも助かった河野主一郎は、この銅像作りに精魂を込めた。「炎天を冒して日々美術学校へ通われ、彫刻手に助言して、みずから職工とならんばかりに尽力せられたり」と鋳造担当の岡崎雪声が感銘を受けるほどだった。これで似ていないはずがない。年取って少々へそ曲がりになっていた勝海舟も銅像の出来については何もいわなかった。

結局、イト発言の趣旨は「主人は人前に出る時、あのような格好をする人ではありません」ということだったようだ。太政官政府の腐敗堕落を糾弾して、明治三年に割腹自殺した薩摩士族、横山安武《やすたけ》の碑文を西郷が書いているが、イトは安武夫人に「あんな格好で世間の皆様の前に立っていますことは、西郷も心苦しいことでしょう」と語ったという。(河野辰三『南洲翁と博文約礼』、雑誌『敬天愛人』2号)

イトは上野の西郷像が不満だったと思う。賊徒の汚名が消え、再び世に出た西郷の晴れ姿が単衣の着流し犬連れ姿だったのである。除幕式のあとイトは一度も銅像を見に行かなかった。

上野の西郷像が左腰に下げているのは兎狩りに使うわなである。高村光雲は「輪縄」と呼んでいる。つまり像は兎狩りに行く姿を描いているのだが、これは写実とは言い難い。まるで犬を連れて散歩しているように見える。あのような着流し姿では狩りはできない。

西郷の兎狩りはほうぼうにやぶのある山野でやる。供の者に犬を待たせ、山の下から順々に兎の通り道にわなを仕掛けていく。細く割った竹や木の枝などを使ってバネ仕掛けにする。よく竹をしごいてビュンビュン鳴らしていた。高見に着くと小指を丸めて口に入れ、合図の指笛を吹く。そこで犬を放し、山の下から上へ兎を追い上げる。犬の鳴き声で兎が掛かったと思ったら、すかさず駆け付けて、兎を捕まえる。遅れると、犬が食ってずたずたになる。まれに網を張って捕まえることもあった。念のために鉄砲も持って行く。素足でできるような狩りではない。西郷は狩猟用の足袋を履いていた。

高村光雲が二番目に彫った原型は韮山傘、ぶっさき羽織、ダンブクロ姿。一応は狩り姿である。ダンブクロは足元が締まっている。三番目は同じ狩り姿でも大転換を図って単衣の着物の着流し姿にしてしまった。ここに飛躍がある。犬も猟犬だというからそう思うだけであって、ラフな格好で町中を犬連れで散歩している大男にしか見えない。しかし、その大男が西郷隆盛だと思うから興趣《きょうしゅ》がわく。
小説家・評論家の高山樗牛《ちょぎゅう》は論評『西郷南洲の像を評す』（雑誌『太陽』明治三十二年二月号）で、このありえない狩り姿の西郷像を絶賛した。
「右手に猟犬の手綱をとり、素足に草鞋を履いている様は、ギリシアの昔以外あまり見ることのできない肉体の美が現されている。肥満した胸は半ば露《あら》われ、手足も短き衣装の外に出て、その背、腰、腿《もも》の形は衣があるためにかえって明らかになっている。もしこの像が陸軍大将の正服などであったら、その興味はどのくらい失われていただろうか。このような格好の姿態を選んだ芸術家にこの像の成功の半ばを与えようと思う」（要約）
ギリシア彫刻のような肉体美が西郷像にはあると、樗牛はいう。「煩瑣《はんさ》なる服飾」は「人体の美」を遠ざけるものでしかない。
金子堅太郎《かねこけんたろう》（明治憲法起草者、司法大臣）が初めて見た本物の西郷は、木綿の羽織に刀を差し、木綿の袴にわら草履姿で歩いていた。維新の英雄とは思えない質素な身なりだった。「顔かたちは上野の銅像そっくりの印象が残っておる」と金子はいった。（『戊辰物語』）
実際に兎狩りをしている姿を銅像にすれば狩人像になってしまう。西郷像は写実であって、写実でない。狩り姿としてはありえない質素な着物姿にすることによって西郷像は庶民性を手に入れた。「上野の山の西郷さん」を際立たせているのは、その庶民性と横にいる犬だ。西郷は犬とともに生きてきた。犬を連れていて西郷像は一段と光彩を放つ。

●犬のモデルになった仁礼景範の愛犬サワ

犬の木彫原型は後藤貞行が制作した。後藤は軍馬局に勤める馬の研究家だったが、馬をもっと知るため馬の彫刻を作ろうと思い立ち、高村光雲に彫刻の手ほどきを受けた。皇居広場前の楠公像の馬の原型は光雲が依頼して後藤が彫った。

光雲が動物の小品を彫る時は、その動物を実際に飼い、よく観察して生きているように作った。光雲の代表作である「老猿《ろうえん》」や「矮鶏《ちゃぼ》」もそうして彫った。

彫刻の競技会に光雲が狆《ちん》を出品した時、後藤が来てその狆をつくづくと見ていた。「後藤さん、狆に見えますかね」と光雲が聞くと「まことに結構です。しかし、只今お作を拝見して、この彫刻の結構なことを思うにつけ、残念に思うことがあります。このお作はどういう狆をモデルになすったたか。なかなか狆としては名狆の方ではあるが、どうも大分年をとっているように見受けます」と後藤は答えた。実はその通りだった。光雲はモデルを選ぶことの大切さをその時、教えられたという。

銅像制作主任の光雲は、西郷像の犬の木彫原型を後藤に彫ってもらうことにした。薩摩出身の海軍中将・仁礼《にれ》景範《かげのり》が飼っていたサワという名の桜島産オスの薩摩犬がモデルになった。後藤は桜島にも行き、薩摩犬の写真を撮って参考にしたという。

西郷像の寸法は一丈二尺（三・六メートル）、実際の身長は六尺（一・八メートル）。実際の二倍の大きさで作られたが、後藤もその寸法に合わせて、二倍の大きさの犬の木像を彫った。兎狩りに使う薩摩犬は小さかった。天明三年（一七八三年）に熊本から薩摩に入り、阿久根《あくね》を訪れた岡山総社《そうじゃ》生まれの古川古松軒《こしょうけん》は見かける犬が小さいのに驚いた。「薩摩小犬と称せる他国になき小犬、此辺に多し。平生の犬より小にして、かわゆらしく見ゆる犬なり」と『西遊雑記』に書いている。

大正四年四月九日の時事新報に「犬から見て貧富推定」というコラム記事が載った。「外国人がアノ上野の西郷の銅像を見て何と云うかと思ったら、これは大変な貧乏人だと云った。アノ犬は猟犬中では一番悪い、最も安い犬なんだそうです」と書いてある。

これを読んだ仁礼の三男景雄《かげお》が反論を寄稿し、十四日の同紙に掲載された。

（前略）彼《か》の犬は、小生亡父（景範）存命中、わざ〴〵鹿児島より取寄せし純薩摩種の猟犬にて、「サワ」という犬をモデルとして作られしものにて、耳立ち、口尖《と》がり、痩躯《そうく》なるが特徴にて候。彼の犬を見て貧弱なりと評せしは一外人の由にて、固《もと》より薩州種の猟犬に就《つい》て何等《なんら》知識なきものと存じ候。無理ならぬことと存じ候へども、一般に邦人は、外人の言うことは何事に限らず、正しきことと思い過ぎる如き傾きこれある様に存じ候。

この文章が掲載されたころ、日本の猟犬の主役は外国産のポインター、セッター、スパニエル種、ビーグルに移り、在来の日本犬は急激に数を減らしていた。とくに薩摩犬のような小型の猟犬は軽視される傾向が強かった。

薩摩の犬は小さい。しかし、身体の大きい西郷が小さな犬を連れている姿をそのまま銅像にすると見る人に強い印象を与えない、というのが光雲の考えだった。光雲は「犬は実物より大きめにしよう」と提案したが、後藤は反対した。彼は徹底した写実の人である。高村光雲『木彫七十年』のあとがきに光雲の三男で鋳金家の高村豊周《とよちか》が書いている。

西郷さんの連れている犬はただの犬ではなく、桜島産の兎狩りが大変得意な犬である。（略）西郷さんは御承知のように人一倍身体が大きい。大きな身体で小さな犬を連れて歩いているのを、そのまま彫刻にすると平均がとれないで滑稽なものになってしまう。犬が小さいとみっともないから、犬は嘘だけれども少し大きめにつくろうということを父は後藤さんに話した。すると後藤さんは「いや、桜島の犬は小さいことが特徴なんだから、大きくすれば桜島の犬に見えない」。こういって頑張り、なかなかいうことを聞かなかった。しかし実際がいくらちっぽけな犬でも、銅像としてみる場合には、嘘でももっと大きくしてつくらなくては形にならないから、あれは、大きくこしらえてくれということを話して、不承不承、あのくらいにした。あれでもまだ犬が少し小さめなのだけれども、そうそう小さな犬を大きくして、あまり事実と違いすぎるのもどうかと思って、あのくらいのところでもって、やってくれといったという。

可能な限り実物に似ているのがいい作品であると考える人がたくさんいた。「西郷さんの着ている着物に縫い目がない」といった人もいる。光雲は彫刻には誇張が必要だと考えていた。とくに野外の大きな彫刻にはある程度の誇張がなければ、平板な作品になってしまうことに光雲は気づいていた。楠公像の馬を制作した時も写実にこだわる後藤に対し光雲は「芸術というものは時には嘘でもよいものだ。その嘘を承知の上で作った方がかえって本当に見える」と誇張の必要性を力説した。

西郷像の犬は薩摩犬の特徴をよくとらえていたのだろう。銅像の犬の写真を見て、「あの犬が銅像になった」と心当たりの犬の名を挙げる人が出て来た。その中で最も有名なのが鹿児島・藤川（薩摩川内市）のツンだ。西郷が藤川天神にお参りした時、土地の前田善兵衛が優秀な猟犬を持っていた。虎毛、左尾のメス犬で、身体は大きくなかったが、兎狩りが巧みだった。西郷が人を介して所望し、西郷の犬となった。その後、一、二回、ツンは元の飼い主を慕って藤川に帰って来たという。「彼の南洲翁の銅像の本に愛犬として牽かれて居る犬の相貌《そうぼう》、このツンに酷似しているのを見て、古老は間違いなくツンの型を彫刻せしめたものであろうと語っている」（昭和初年、薩摩郡藤川小学校の報告）。しかし、ツンはメス犬で、銅像はオス犬である。

本を見てモデルだと思った人がいたにすぎない。犬の寿命から考えて銅像のモデルになるはずがない。

藤川天神には平成二年にＮＨＫ大河ドラマ『翔ぶが如く』の放映を機に「ツンの像」が建てられた。銅像の銘板「西郷どんとツンの由来」には「銅像のモデルになった」とは記されていないが、いまだに上野の西郷どんのモデル犬だと思っている人が多い。東京都の上野公園のホームページも「ツン」になっている。

国分村（霧島市）の山内甚五郎は西郷が飼っていた蘭犬を調教し、狩りでは西郷の師匠格の人物だった。山内は「犬なら敷根《しきね》村の大庭定次郎がいい犬を持っています」と西郷に教えた。早速、西郷は大庭を訪ね、犬を借りて猟をすると、なかなかの逸物。交渉して譲ってもらった。「かつて山内氏は彼の南洲翁の銅像の猟犬はこれをモデルにせしものなりと語られしとか」（昭和初年、敷根小学校の調査報告）

西南戦争が始まる直前、西郷が大隅高山《こうやま》の竹之井龍謙に贈ったヤマも、家の者が「銅像の犬じゃないか」と噂していた。

犬がいるおかげで、銅像に対する人々の関心はぐんと高まった。日本で最初の犬連れ銅像である。西郷は自分の銅像が建てられて喜ぶような人ではないが、むしろその逆だが、犬連れの像であることについては異論がなかったに違いない。犬あっての人生だった。

服部《はっとり》英龍《えいりゅう》画『西郷隆盛像』　国分（霧島市）生まれの服部英龍（喜右衛門）が描いた日当山での西郷隆盛の犬連れ狩り姿。英龍には、絵を描くため日当山温泉で西郷を盗み見して見つかったという逸話がある。犬は西郷隆盛銅像と同じように小ぶりに描かれている。特旨により西郷が復権した明治22年以降に描かれた。ほかの絵師が描いたものを写したという説もある。　鹿児島市立美術館蔵

終章

文明開化の果てに

——絶滅した薩摩犬

明治維新とそれに続く文明開化は、日本人の犬に対する考え方を一変させた。在来の日本の犬は地犬《じいぬ》と呼ばれてさげすまれ、洋犬至上主義の時代が始まったのである。

「欧州は犬といえどもまた能《よ》く開化す。ゆえに人と能く親睦するなり。」

明治七年刊行のベストセラー『東京新繁昌記』にはそう書かれている。文明開化とともに、日本の犬の洋犬化は一挙に進んだ。

それまでの日本の犬の大半は里犬《さといぬ》（町犬《まちいぬ》、村犬《むらいぬ》）として飼われていたが、里犬という概念そのものが文明開化とともに消えてしまった。一六〇三年（慶長八年）にポルトガルの宣教師が編纂した『日葡《にっぽ》辞書』は、里犬について「村里に養われている飼犬」（『邦訳日葡辞書』）と簡潔に記している。

里犬の飼い主は個人ではなく、村里だった。彼らの主な仕事は、居住する地域の番犬として不審者を吠えることだった。これに対して猟犬には特定の飼い主がいた。西郷隆盛がその典型である。

明治六年四月二日、東京府は「畜犬規則」を布達し、畜犬（飼い犬）には飼い主の住所氏名を書いた札を下げ、札のない犬は無主の犬として撲殺することになった。各道府県はその地域事情に応じて順次同様の規則を設けた。すべての犬が飼い犬と野良犬・野犬に分けられたのはこの時からだ。鹿児島県はこの規則を無視したが、もともと里犬が少なかったせいかもしれない。

征韓（遣韓）問題で西郷が下野する十日前、明治六年十月十三日に東京府知事から「湯屋浴場に犬を連れて行って入浴させてはいけない」というお達しが出た。洋犬ならいいだろうと、風呂代を払って銭湯に犬を連れて行く文明開化かぶれの不心得者が本当にいた。成金趣味の連中は高価な洋犬を買い求め、書生や下僕が偉そうな顔をして犬を散歩させた。

鹿児島城山で西郷が自刃した日、総攻撃の指揮をとっていた海軍中将の川村純義は西郷の叔父の娘（西郷の従妹）を妻にしている。剛直な薩摩武士の典型のような人物だったが、西郷没後九年、新聞に小さな記事が載った。

「川村純義氏がさきに海軍卿たりしころ、米国人より購《あがな》いたる一頭の猟犬は百三十八弗《ドル》」（明治十九年六月二十四日、毎日新聞）

このころの実勢レートを一ドル＝一・三円として計算すると一頭の価格は約百七十九円。警視庁警部、陸軍少尉クラスの月給三〜四倍に相当する。金に糸目をつけぬ洋犬趣味を、冥府の西郷はどう思っただろうか。

この当時はほとんどの犬が放し飼いだから洋犬も雑種化する。

「東京市内でも純粋の日本犬と思われるのは日本橋の問屋に飼われている大きな牡犬《オス》一頭位なもので、大抵は雑種だ。市内の飼犬の現在の数は六千余頭である」（明治三十四年十月二十七日、読売新聞）

「犬は近年西洋の雑種のみになって、日本純粋の種類はきわめて稀《まれ》になった」（明治三十五年九

月二十七日、朝日新聞）

昭和三年に日本犬保存会（斎藤弘吉《ひろきち》会長）が設立され、全国規模での日本犬保存運動が始まったが、純粋日本犬と呼べるものは山間部の猟犬しか残っていなかった。西郷が愛してやまなかった薩摩の犬たちは、その後どうなったのか。日本犬保存会の小松真一は同会の機関紙『日本犬』（昭和十二年八月号）で「以前に鹿児島犬というのがいたそうですが、御多分に漏れず根絶したと聞きます」と述べている。昭和に入ったころ、薩摩の犬はすでに絶滅状態だった。

十二年三月、熊本在住の日本犬保存会員、楠田主税《ちから》は熊本・宮崎県境の五家荘《ごかのしょう》、椎葉村《しいばそん》を踏査して、日本犬の実情を調べたが、ここでも雑種化が進行していた。やっと見つけた純粋種と呼べそうな中型犬は一頭だけで、その写真が『日本犬』（昭和十二年七月号）に掲載されている。西郷は猪狩りもやったから、写真のような中型犬も飼っていたと思う。

昭和五十三年二月、毎日新聞西部本社報道部（北九州市）に勤務していた私は薩摩の犬のその後が気になって鹿児島の離島、甑島《こしきじま》に向かった。薩摩の犬がすでに絶滅したといわれていることは知っていたが、最後に生き残っているとすれば甑島くらいしかなかった。鹿児島在住の動物作家、椋鳩十《むくはとじゅう》さんは戦前、マヤという日本犬を飼っていたが、薩摩には思うような犬が見つからず、紀州熊野から送ってもらった犬だった。椋さんは「甑島でももう無理でしょう」と

昭和12年3月、日本犬保存会の楠田主税さんが熊本・宮崎県境の村で見つけた「日本犬らしい日本犬」 日本犬保存会機関紙『日本犬』昭和12年7月号より転載

いっていたが、とにかく行ってみようと思った。

小倉から鹿児島本線に乗った。その日は春一番が吹き荒れて串木野（いちき串木野市）から甑島に向かう船は欠航ということだった。そこで熊本で途中下車し、狼と日本犬の研究をしている小山克己さんを訪ねた。あいにく小山さんは風邪で入院中だったが、小山さんが持っている犬の資料をご家族に頼んで見せてもらった。その中に「甑島の野生犬」の写真があった。

昭和三十年六月、熊本・人吉城で犬の展覧会が開かれた時、小山さんは気になる犬を見つけた。「この犬は甑島で捕まえた犬ですか」と飼い主に聞くと「そうだ」と返事があった。小山さんは犬の毛を調べて、そう判断したのだという。気性が激しく、見知らぬ人にはよく咬みつく犬だったそうだ。

その犬の写真を見て、西郷隆盛の銅像の犬を思い出した。耳が長く大きいのだ。銅像の犬の木彫原型を彫った後藤貞行は写実に優れた人だったから、犬をデフォルメして彫ることはありえなかった。「甑島の野生犬」は私には洋犬の血が混ざっているように見えたが、耳の大きい犬の写真を見て、これも薩摩の犬の特徴かもしれないと思った。

串木野港から直行便で二時間二十分、下甑村の手打《てうち》港に着いた。村役場民生課の野犬担当者を訪ねると「今ごろは本当の甑犬はいませんよ。雑種ばかりです」という話だった。村の犬の登録台帳には七十頭が登録されていたが、その中に「甑犬」と記された犬が一頭だけいた。役場の担当者は「甑犬として登録されたから、その通り受け付けただけです。昔の薩摩犬とは違

熊本の小山克己さんが熊本・人吉城の犬展覧会で見かけた「甑島の野生犬」。こちらも耳が大きい。（昭和30年撮影）

桜島産の薩摩の犬をモデルにして彫った西郷隆盛銅像の犬。耳が大きい。

甑島の橋口義民さんが飼っていた島犬キラー。下甑村でただ一頭「甑犬」として登録されていた。（昭和53年、筆者撮影）

う と思います」といった。

登録された「甑犬」はキラーという名前だった。飼い主の橋口義民さんによると、山で捕まえた野犬の子二頭のうちの一頭だという。近づくと、尻尾を振った。なでてやるとまた尻尾を振った。私がイメージしていた甑犬はもっと気が強い犬だった。島の人たちの意見を聞くと、「間違いなく甑犬です」「昔の島犬はあんなに黒くなかった」「雑種ですよ」といろいろだった。

米軍機による本土空襲が激しくなった昭和十九年十月から翌年にかけて、全国で犬の供出運動が行われた。特攻隊の防寒服の毛皮を調達するのが主目的だった。特攻基地のある鹿児島では警察が中心になって徹底的に犬を供出させた。供出を最後まで拒んだ椋鳩十さんの飼い犬マヤも、椋さんの留守中に連れて行かれた。のちに椋さんは『マヤの一生』という小説を書いた。心にずしりと重いものが残る、やるせない名作だった。

西郷が愛した薩摩の犬は、この時の犬の供出運動で完全に命脈を絶たれてしまった。

おわりに

山形県酒田市（旧庄内藩）の南洲神社を訪れたのは、戊辰戦争から百三十一年目の平成十一年（一九九九年）一月だった。西郷隆盛と犬との関係を本格的に調べようと思い立ったのは、この時だった。

幕末、江戸市中取締役を務めていた庄内藩と京都守護職を務めていた会津藩は奥羽《おうう》越列藩《えつれっぱん》同盟の中心勢力として官軍に抵抗したが、会津若松城の落城後、庄内藩は薩軍を主力とする官軍に降伏帰順した。戦後処分で会津藩は実質石高二十八万石から三万石（青森・斗《と》南《なみ》藩）に減封《げんぽう》され、当時不毛の土地といわれた下北半島に追いやられ、一方の庄内藩には「帰順した上は、兄弟同様」と西郷の指示で寛大な処分が下された。十七万石が十二万石に減封され、罰金七十万両を支払うことになったが、庄内の地に留まることを許された。その後、藩主酒井忠篤《ただずみ》、家老菅実秀《すげさねひで》をはじめ数多くの藩士が西郷のもとを訪れ、その人柄に触れて感銘を受けた。

明治二十二年に明治天皇の特旨により、西郷の賊徒の汚名が除かれると、旧庄内藩士は西郷が生前語った言葉を『南洲翁遺訓』四十三項目（のち十項目追加）にまとめ、印刷、製本し、風呂敷にくるみ、手分けして全国に配って歩いた。

南洲神社に行くと、持ち帰り自由の『南洲翁遺訓』が小冊子になって置いてあった。私が感銘を受けたのはそのことだった。東京に帰って夕刊のコラムに書いた原稿はこう結ばれている。

「命もいらず、名もいらず、官位も金もいらぬ人は、仕抹《しまつ》に困るもの也」と「遺訓」にある。そういう人でないと国家の大業は成し遂げられないと西郷は言った。名誉でも欲得でもなく、ただひたすらその恩義に報い、遺徳を広めたいと、神社を建て、「遺訓」を配り続ける人たちがいることは、戊辰戦争の奇跡のように思える。

（コラムは荘内南洲会会報『敬天』平成十一年三十号に転載された）

庄内の人々の心の中に深く刻まれ、今も『南洲翁遺訓』が配られ続けている西郷隆盛はどのような人間なのか。西郷を調べようと思った。

薩摩の犬を探しに鹿児島の離島・甑島に渡ったのは、南洲神社訪問の二十一年前、昭和五十三年（一九七八年）のことだった。西郷が愛してやまなかった薩摩の犬が絶滅していることを確認する旅だった。そのころすでに司馬遼太郎『翔ぶが如く』を読んで、西郷が西南戦争に犬を連れて行ったことは知っていた。なぜ戦争に犬を連れて行ったのだろうか。そのこともずっと気になっていた。

かつて日本中どこの町や村にも必ずいて、明治文明開化とともに絶滅してしまった名もない犬たち（里犬・町犬・村犬）の資料（史料）集めを私は続けていたが、南洲神社にさりげなく置かれた小冊子『南洲翁遺訓』を手にして開いたあと、「やっぱり西郷をやろう」と思った。私がやることは一つしかなかった。西郷の犬を調べることだった。できるだけ西郷の犬に関する資料を集めながら、西郷が何を考えていたか、そのことを考えようと思った。

西郷の犬に関する資料は想像以上に数多く残されていた。そのほとんどが逸話として庶民が語ったものだった。断片的な人々の記憶の中の逸話に多くを頼りながらこの本を書いた。人々の記憶は案外正しい。記憶が誤って伝えられるのは、人の手によって書き留められ、編者が自分の価値観や思い込みに従って逸話を編集する時だ。西郷と犬の逸話はたくさんあるが、わからないことも多い。西郷は優秀な猟犬をいつも求めていたが、自分では繁殖させなかったのだろうか。こんな簡単なことがわからない。

西郷は犬を連れて兎狩りに出かけ、その土地の民家に泊まり、温泉につかり、村人たちと冗談を言い合う隠者のような日々を心ゆくまで楽しんだ。西郷が下野して、鹿児島に帰ったのも、そこに帰るべき幸せな田園があったからだ。生涯の伴侶である犬がいたからだ。しかし、そのことがまた西郷に不幸をもたらしたといえなくもない。帰るべき田園がなければ、あの西南戦争は起きなかったに違いないからだ。私が抱えていた西南戦争をめぐるいくつかの疑問は、西郷の犬を知ることによってほぼ解決した。西郷は犬とともに生き、そしてこの世を去った。このごろ西郷の気持ちが少しわかるようになった気がする。

「西郷隆盛と犬」の略年表

『西郷隆盛全集』第六巻の「西郷隆盛年譜」を参照しながら筆者が作成した。犬関係の引用は『南洲翁逸話』『南洲先生新逸話集』『傑人記』などによる。西郷は鹿児島県のほぼ全域で狩猟をしており、掲載した狩猟地がすべてではない。◇の付いている日付は筆者の推定。○印は時期を確定できないものや、西郷の家族の行動など。年齢は数え年。太字は犬関連記述。

文政10（1827）1歳
12月7日　鹿児島城下・下加治屋町山之口馬場で生まれる。父吉兵衛隆盛、母マサの長男。

弘化元（1844）18歳
藩の郡方書役助となる。役料三石余。

嘉永5（1852）26歳
伊集院兼寛の姉須賀と結婚　→　1854年末、離婚。

安政元（1854）28歳
1月　藩主島津斉彬に従い江戸詰めとなる。3月　日米和親条約調印。

安政2（1855）29歳
12月　下加治屋町の屋敷二百五十九坪半を売却。留守家族は上之園町の借家に転居。

安政5（1858）32歳
4月　井伊直弼大老となる。6月　日米修好通商条約調印。7月　藩主斉彬死去。殉死しようとするが、清水寺成就院住職・月照に説得され思いとどまる。11月　幕府に追われる月照と鹿児島湾大崎ヶ鼻沖で船上から投身自殺。西郷のみ助かる。12月　藩庁は表向き西郷を死亡とし、西郷の奄美大島潜居を決める。

安政6（1859）33歳
1月　奄美大島龍郷村に到着。扶持米六石を支給される。11月　地元の名家龍一族の愛加那と結婚する。
無聊の慰めは狩りと漁。小鳥撃ち、鰻釣り、猪狩り、魚釣り、イカ釣りを楽しみ、犬は四、五匹飼っていた。

万延元（1860） 34歳

3月　井伊大老、桜田門外で水戸浪士、薩摩浪士有村次左衛門ら十八人に暗殺される。4月　桜田門外の変の知らせを受け、西郷は狂喜乱舞する。

文久元（1861） 35歳

1月　庶長子菊次郎誕生。11月　藩から召還状が届く。

文久2（1862） 36歳

1月　愛加那、菊次郎と別れ、龍郷村出帆。犬一、二匹連れて帰る。2月　鹿児島着。足痛のため指宿温泉で湯治。3月　島津久光の上京に先立ち、村田新八と下関で待機の命を受ける。京大坂の情勢不穏につき急遽大坂へ。4月　無断出発に久光が怒り、捕縛される。6月　西郷は徳之島、村田は喜界島に送られる。7月　愛加那が菊草（菊子）出産。8月　愛加那が子供を連れ徳之島の西郷を訪問中、沖永良部への遠島命令が届く。閏《うるう》8月　沖永良部島和泊《わどまり》着。座敷牢生活を送る。

元治元（1864） 38歳

2月　鹿児島より召還の汽船到着。帰路、奄美大島で愛加那親子と再会。独断で喜界島に寄り村田新八を連れ帰る。座敷牢生活で足立たず駕籠で上之園の自宅に帰る。3月　京都に入り、軍賦役となる。7月　禁門の変で藩兵を指揮し長州兵を撃退する。

10月　側役に昇進。役料高九十石。11月　長州処分で奔走する。

慶応元（1865） 39歳

1月　岩山八郎太の次女イトと結婚。3月　京都から奄美大島の子供に反物二反送る。

4月　22日小松帯刀、坂本龍馬とともに京都出立。5月　1日鹿児島着。龍馬、鹿児島で薩長協調を説く。西郷、大番頭役料高百八十石、一身家老組となる。16日龍馬鹿児島を出立。

慶応2（1866） 40歳

1月　京都・小松邸で龍馬立ち会いのもと木戸孝允と薩長同盟を結ぶ。24日未明寺田屋事件、龍馬両手指に重傷を負う。3月　4日大坂から藩船で小松、吉井友実、龍馬・お龍夫妻とともに鹿児島に出発、10日着。龍馬夫妻は16日から4月11日まで日当山、塩浸、栄之尾、霧島神社の各温泉をめぐり湯治。栄之尾温泉で湯治中の小松を西郷、税所篤、吉井、坂本夫妻が訪ね宴を開く。龍馬は6月1日鹿児島を立ち下関へ向かう。7月　嫡子（長男）寅太郎誕生。8月　体調不良で日当山へ湯治、半月以上か。9月　大目付（役料高二百石）に任ぜられるが返上を願い、10月に認められる。12月　京都。小松と御室山へ狩りに行く。大久保利通を誘う。

○時期不明　京都祇園の茶屋で愛犬二匹に鰻飯を食わせる。

慶応3（1867）41歳

1月　明治天皇践祚《せんそ》。薩摩・越前・土佐・宇和島の四侯会同案を藩議にかけるため京都を立ち鹿児島へ。6月　薩土盟約成立。10月　大政奉還。討幕の密勅下る。12月　王政復古の大号令。

明治元（1868）42歳

1月　戊辰戦争起こる。2月　東征大総督府下参謀に任命される。3月　勝海舟と会談、江戸城総攻撃を中止する。5月　江戸上野戦争で薩摩兵を指揮する。6月　鹿児島に戻る。健康を害し温泉治療。8月　北陸出征軍総差引（総指揮官）を命ぜられ鹿児島出帆。弟吉二郎、越後で戦死。9月　山形庄内に入り、黒田清隆に寛大な処分を指示する。

9月8日慶応から明治に改元。10月　13日天皇、東京入り。11月　鹿児島凱旋。日当山温泉でくつろぐ。

明治2（1869）43歳

1月　20日付伊地知正治の大久保利通宛の手紙に「入道先生（西郷）には、すでに四、五十日くらい日当山に湯治。犬四、五疋」とある。2月　妻イト、長男寅太郎4歳を連れて日和山温泉に滞在。25日藩主島津忠義、日当山を訪ね藩政復帰を求める。翌日、鹿児島に帰り藩の参政となる。5月　箱館（函館）に出陣するが到着前に五稜郭開城、榎本武揚以下降伏する。6月　版籍奉還。政府から東京残留の命令を受けたが、鹿児島に帰る。吉田温泉（宮崎県えびの市）で湯治。
○時期不明　犬二匹を連れ鹿児島谷山町の森喜之助を訪ね、廃仏毀釈についての意見を聞く。6月　島津忠義は仏教行事を禁じ、祭祀を神式にするよう命じる。8月寺領の没収を始め、藩内千六百十六寺をすべて廃止する。7月　武村の屋敷六百九十坪を買い取る。このころ奄美大島の菊次郎9歳を鹿児島に引き取る。『傑人記』によれば、菊次郎と長女の菊子（菊草）8歳を連れて日当山温泉に行っている。菊子が鹿児島に引き取られたのは明治9年である。9月　正三位に叙せられる（位記返上願を出し、翌年5月に認められる）。12月　高城村湯田温泉（薩摩川内市）の上床宗之進宅に従僕一人を連れ寄宿、人と会わず兎狩り、読書に専念する。

明治3（1870）44歳

1月末　従僕一人、黒毛の犬二匹を連れ、麦之浦（薩摩川内市）の民家空き家に数日逗留。連日兎狩り。3月　次男午次郎誕生。6月　白米二俵を馬に積んで伊作温泉（吹上温泉、日置市）の田部家に宿泊。犬三、四匹。江戸から弟小兵衛が連れて来た蘭犬も同行する。7月　藩の執務役（大参事）となり、職務多忙のため日当山温泉行きを断念する。閏10月　元庄内藩主の酒井忠篤ら約七十人が鹿児島来訪、兵学などを学ぶ。12月　元庄内藩士に懇願され5日から内之浦（肝付町）に狩りに出かける。20日勅使岩倉具視が鹿児島を訪れ、上京の詔勅《しょうちょく》を受ける。

明治4（1871）45歳

1月　鹿児島出帆。4月　東京で庄内の菅実秀と親しく懇談。6月　参議の辞令を受け、正三位に叙せられる。7月　廃藩置県を断行する。11月　条約改正交渉のため特命全権大使岩倉具視以下、木戸孝允、大久保利通、伊藤博文らが米欧に向かう。

明治5（1872）46歳

2月　このころ東京でも犬を連れ狩りに出る。5月　23日天皇、西国行幸に出発。大阪、下関、熊本などを経て6月22日鹿児島入り。23日鹿児島滞在中、亡父の借金二百両に利子二百両を加え板垣与三次に返却。利子は戻された。7月　2日鹿児島出帆、8日横浜着。参議、陸軍元帥、近衛都督となる。8月　別府晋介らを朝鮮、池上四郎らを満州に派遣し海外情勢を探らせる。12月　3日太陽暦を採用。この日が明治6年1月1日となる。

明治6（1873）47歳

5月　胸痛ひどく青山の西郷従道邸で養生、灸治療をする。陸軍大将兼参議となる。
6月　天皇がドイツ人医師ホフマンを西郷の診察治療に当たらせる。肥りすぎの西郷は下剤を処方され快方に向かう。軽い運動を勧められ近くの駒場野で兎狩りをする。沖永良部島の土持政照が来訪、村田新八、桐野利秋同伴で兎狩りに出かける。
8月　閣議で西郷を朝鮮使節として派遣することを決定し、太政大臣三条実美が天皇へ奏上する。9月　遣欧大使岩倉具視帰国。10月　14日改めて朝鮮使節派遣について閣議を開く。15日西郷派遣決定。17日木戸、大久保、大隈重信、大木喬任、参議辞任。岩倉、三条辞意を表明。19日三条急病。20日岩倉、太政大臣代理となる。23日岩倉大使派遣の中止を奏上。西郷辞表提出。24日天皇、岩倉の意見を入れ西郷の朝鮮派遣を中止。西郷は参議と近衛都督の辞表が受理され、陸軍大将と正三位の位記はそのままとなる。副島種臣、後藤象二郎、板垣退助、江藤新平が参議の辞表を提出、翌25日辞職が認められる。28日下野した西郷は横浜から船に乗り、11月10日鹿児島着。三男酉三誕生。

明治7（1874）48歳

1月　万世町小松原（南さつま市）の平川与左衛門が飼っていたメス犬の雪を弟小兵衛が見に行く。一週間泊り込みで狩りに使ってみたが、噂にたがわぬ名犬。懇望されて平川は涙ながらに犬を譲る。22日自力で平川家に戻った雪を従僕の永田熊吉が連れ戻しに行く。

明治8（1875）49歳

2月　13日犬十三匹を引き連れ、山川村鰻温泉（指宿市）の福村市左衛門方に止宿する。雨天以外は兎狩りに出る。3月　1日佐賀の乱に敗れた江藤新平が決起を促しに鰻温泉を訪れるが拒絶する。16日福村家を出発し、対岸の垂水方面へ向かう。以下従僕の中間長四郎の記憶によると、このあと桜島黒神に三、四日、指宿に戻り二月田温泉に一週間、枕崎に一泊、伊作湯之元の湯治小屋に三十余日（家主の孫・田部義行によると四十二日）、市来湯之元に一週間ほど、約三カ月の犬連れ兎狩り温泉旅行だった。6月　私学校を設ける。7月　13日霧島連峰・白鳥温泉（宮崎県えびの市）に犬連れで出発し、29日到着。10月まで長期滞在する。11月　庄内から赤沢経言、三矢藤太郎来訪（1月末まで滞在）。二人を連れ波見（肝付町）に十日ほど滞在し、高山（同町）で鹿一頭を仕留め宴会を開く。兎狩りも楽しむ。

○西郷家に奉公していたヨシが明治7年ごろ坊野仁太（仁太郎）と結婚して生まれ故郷の坊野（吹上町永吉《ながよし》）に住んでいた。狩りに行った時、家に泊まると日当たりが悪く狭かった。西郷が金を出し、近くに茅葺きの家を建ててやった。西南戦争の時、西郷の家族親類十一人が避難してきて、仁太家族五、六人と同居生活を送った。

○明治7、8年ころ、藤川牧野（薩摩川内市）の前田善兵衛からメス犬のツンを譲り受ける。

4月　大隅半島の小根占（南大隅町）に狩り旅行。犬四匹。5月　樺太・千島交換条約調印。庄内から菅実秀ら八人来訪。夏　家族連れで日当山温泉に大旅行。西郷数え49歳、妻イト33歳、菊次郎15歳、長男寅太郎10歳、次男午次郎6歳、三男酉三3歳、戦死した弟吉二郎の妻ソノ35歳、長女美津13歳、長男勇袈裟12歳、イトの母岩山エイ52歳、イトの弟の妻岩山トク20歳と長男長彦3歳、従僕と犬数匹。9月　カヤと黒毛白ぶち

明治9（1876）50歳

明治10（1877）51歳

二匹を連れて日当山で兎狩り。帖佐（姶良市）から狩り手伝いに来た若者東条直太郎に武村の家まで兎六匹の運搬と料理の加勢を頼む。桐野利秋、辺見十郎太、別府晋介ら七、八人が来て宴会となる（東条は西南戦争の時、延岡・長井村で西郷が放した犬一匹を捕獲し西郷従道に渡す）。10月　江華島事件について篠原への手紙で所見を述べる。

○時期不明　高須・山下喜畝回顧談「翁（西郷）はほとんど犬と寝食を共にされているようで、毎朝八匹の犬の背をなで櫛を入れていた」

○明治8、9年ごろ連れていた愛犬は洋服の人を見るとよく吠えるので攘夷家と呼ばれていた。旧藩時代から川辺（南九州市）の牧場には番犬が多数飼われ、地元の中条良正が牧場の犬を西郷に贈った。

2月　小根占に狩り旅行。4月　栗野岳温泉（姶良郡湧水町）に狩り旅行。一カ月ほど滞在。5月　29日ごろ大根占へ。兎狩り五日間滞在。7月　桜島有村温泉（大正の大噴火で消滅）、狩り旅行。10月　日当山温泉滞在中に熊本・神風連の乱、福岡・秋月の乱、山口・萩の乱が相次いで起こる。

○明治8、9年ごろ鹿児島城下、八坂神社脇の鰻屋に猟師のような男が来て犬に蒲焼を食わせ、黙って当時の大金五円を置いて帰った。それが縁で店の主人・平田源吉は西南戦争で薩軍本営の厨房係となった。西郷が犬に鰻の蒲焼、鰻飯を食わせた話はこのほかにもある。

1月　20日ごろ犬三、四匹を連れて小根占に猟に行く。30日◇大根占泊。31日兎狩りのため高須（鹿屋市）泊。2月　1日午前、弟小兵衛、鹿児島から早船で高須着、西郷小根占に戻る。警視庁警部らによる西郷暗殺計画と私学校校徒の政府火薬庫襲撃事件の報告を受ける。小兵衛が帰ったあと鹿児島から辺見十郎太らが西郷を迎えに来る。2

日小根占出発、大根占泊。3日◇高山の竹之井龍謙を訪ね「もう狩りもしそうにないから」と狩羽織、兎狩りのわな、**愛犬ヤマを贈る**。4日いつも狩りの時に宿泊していた垂水・新城の上田親豊宅に立ち寄り「当分会えない」と語って立ち去る。5日◇加治木(姶良市)を経て武村自宅に帰る。『薩南血涙史』によれば、**犬は三匹連れ帰った**。

15日　熊本に向けて薩軍第一陣出陣。17日　西郷出陣。加治木、人吉を経て球磨川を船で下る。21日夜、川尻(熊本市南区)に到着。すでに戦端が開かれていたため宿泊せずに熊本に向かう。薩軍本営は初め春日(熊本市西区)、次いで二本木(同)に置かれる。27日弟小兵衛、高瀬(玉名市)で戦死。息子菊次郎は右膝に銃弾を受け重傷。右脚切断の手術を受ける。

3月中旬から下旬◇　官位官職(正三位・陸軍大将)剝奪の辞令書を持った県庁の使者が川尻で西郷に面会し、辞令書を渡す。**西郷はその労をねぎらい犬二匹を連れ、使者と一緒に兎狩りに行き、兎二匹を捕獲、兎汁をふるまう**。

4月　13日深夜、西郷熊本撤退。15日薩軍熊本撤退。西郷は熊本・宮崎県境の山岳地帯を越え、宮崎・椎葉村から再び熊本県に入り、22日人吉に入った。人吉では**犬を連れ兎狩りに出かける西郷の姿が目撃されている**。

○5月　4日西郷留守家族、武村から坊野(吹上町永吉)の坊野仁太宅へ避難を始める。家族親類十一人。

5月　29日西郷人吉撤退、宮崎へ向かう(人吉撤退は30日説、31日説もある)。政府系兵事新聞は「**愛犬四疋を携え**」と伝える。宮崎着は31日か(5日説もある)。西郷は**宿泊先の隣家の少年を連れて兎狩りに出ている**。

6月　24日政府軍の攻撃で鹿児島大火災。武村の西郷邸も焼失する。

7月　29日宮崎撤退。北上して延岡に向かう。このころ西郷が犬を連れていると噂が広まる。兎狩りは兵士をねぎらうため食料を確保する目的があったと思われる。31日都農（児湯郡）泊。西郷は護衛兵に囲まれて人前に姿を見せない。宿に見物に行った都農神社神主は「犬が二匹いたので駕籠の中には西郷がいたのだろう」と推測した。

8月　15日西郷、延岡郊外の和田越（和田峠）の戦いで初めて戦場に立ち陣頭指揮をとるが敗退。政府軍に包囲される。16日長井俵野（延岡市）の宿陣民家の庭で陸軍大将の軍服、書類などを焼却する。17日夜、可愛岳（728m）の崖をよじ登り政府軍の包囲網を突破する。直前に西郷は愛犬三匹を「家に帰れ」と放つ。一匹は政府軍に捕獲され、一匹は行方不明。佐志産（薩摩郡さつま町）の黒ぶちのチゴは約二百キロの道のりを三十八日歩き通し、西郷自刃の前日、生家の押川甚五左衛門方に帰来する。

○8月　西郷の家族親類十一人は政府軍の追及を逃れるため坊野を去り、西別府（鹿児島市）にある西郷家雑木林内の小屋（通称・西郷野屋敷）に隠れ住む。

9月　1日薩軍約四百人は鹿児島に突入し城山、私学校一帯を占拠。約三百人立てこもる。24日午前4時、政府軍総攻撃開始。西郷、別府晋介の介錯で自刃。数え51歳、満49歳8カ月。

明治22（1889）
2月　11日大日本帝国憲法発布の時、天皇の特旨により罪をゆるされ、正三位を追贈される。

明治31（1898）
12月　18日東京上野公園の銅像除幕式。犬のモデルは仁礼景範（海軍中将）の飼い犬で桜島産のオス犬サワ。

明治35（1902）
8月　島妻・愛加那没す。66歳（数え）。

大正11（1922）
6月　11日西郷夫人イト没す。80歳（数え）。

引用図書・史料一覧

＊本文中に日付・刊号を明記した新聞記事・雑誌、辞書・辞典などを除く

◇基本史料として使用した全集・図書

『西郷隆盛全集』全6巻（西郷隆盛全集編集委員会、大和書房）
　書簡は特に明記しない限り『全集』から引用した
『鹿児島県史料　西南戦争』全4巻（鹿児島県維新史料編さん所編、鹿児島県）
　西南戦争の通告文、口供書、上申書などは同書より引用
『薩南血涙史』（加治木常樹、薩南血涙史発行所）
『西南記伝』上中下各2巻（黒竜会本部編、黒竜会本部）
『南洲翁逸話』（鹿児島県教育会編、同教育会）
　出典を明記していない回顧談、調査報告の多くは同書による
『南洲先生新逸話集』（池田米男、鹿児島新聞社）
『傑人記』（東幸治、文武堂）
『大西郷の人と思想』（田中惣五郎、今日の問題社）
『大西郷秘史』（田中万逸、武侠世界社）
『南洲手抄言志録解』（馬場鉄中編、松陰道社）
『征西戦記稿』（参謀本部、参謀本部編纂課）
『明治天皇紀』全12巻（宮内庁編、吉川弘文館）
『東京市史稿　皇城篇』（東京市編、臨川書店）
『西郷の妻―西郷隆盛と妻イトの生涯』（徳田秀子、西郷隆夫、若松宏、株式会社ナンシュウ）

◇参考図書

『近世奄美の支配と社会』（松下志朗、第一書房）
『翔ぶが如く』文春文庫全10巻（司馬遼太郎、文藝春秋）
『西郷隆盛伝　終わりなき命』（南日本新聞社）

『西郷隆盛』上下（井上清、中公新書）
『西南戦争　西郷隆盛と日本最後の内戦』（小川原正道、中公新書）
このほか多数の西郷関連図書、作品、西郷論、記事等を参照した

●はじめに
『南洲神社・墓地由緒』（鶴田正義、春苑堂・かごしま文庫）
『征西戦記稿附録』（参謀本部、参謀本部編纂課）

●第一章
『南洲翁謫所逸話』（東郷中介、川上孝吉）
『奄美大島物語』（文英吉、南島社）
『愛加那記』（木原三郎、『西郷のアンゴ（島妻）愛加那』所収、本場大島紬の里）
『西郷隆盛謫居事記』（土持政照、有馬家文庫）
『南島雑話』（名越左源太、『南島雑話：幕末奄美民俗誌』1、2　平凡社・東洋文庫）
『チベット旅行記2』（河口慧海、講談社学術文庫）

●第二章
『西郷家万留』（『西郷隆盛全集4』）
『維新土佐勤王史』（瑞山会編、冨山房）
『氷川清話』（勝海舟、江藤淳・松浦玲編、講談社学術文庫）
『元帥公爵大山巖』（大山元帥伝刊行会）
『坂本龍馬手帳摘要』（『坂本龍馬関係文書2』岩崎英重編、日本史籍協会）
『竜馬がゆく』（『司馬遼太郎全集』4巻、5巻、文藝春秋）
『小松帯刀日記』（鹿児島県史料集22、鹿児島県立図書館）
『大久保利通関係文書3』（立教大学日本史研究会、吉川弘文館）
『一外交官の見た明治維新上』（アーネスト・サトウ、坂田精一訳、岩波文庫）

『維新侠艶録』（井筒月翁、中公文庫）
『西郷南洲逸話』（重野安繹、『重野博士史学論文集下』薩藩史研究会）
『大久保利通関係文書１』（立教大学日本史研究会、吉川弘文館）
『日当山温泉南洲逸話』（三島亨、藤浪三千尋編、高城出版）

●第三章

『西郷さんを語る　義妹・岩山トクの回想』（岩山トク、岩山清子・岩山和子編、至言社）
「朧に浮ぶ父の面影」西郷寅太郎（『大西郷秘史』）
『南洲翁遺訓』（『西郷隆盛全集４』、『西郷南洲選集下』読書新報社出版部）

●第四章

『おんな二代の記』（山川菊栄、平凡社・東洋文庫）
『鹿児島市史第１巻』（鹿児島市史編さん委員会、鹿児島市）
『明治八年薩摩紀行』（石川静正、『敬天愛人６』西郷南洲顕彰会）
『南洲翁訪問記』（小華和業修、『敬天愛人５』西郷南洲顕彰会）
『西郷南洲翁伊作来遊事跡調査』（浜田正男、鹿児島県立図書館蔵）
『松山信吾鹿児島実地見聞新誌』（筆記者・大山剛昌、東京大学史料編纂所）
『鹿屋郷土史』（鹿屋町教育会編）
『河野翁十年戦役追想談』（『敬天愛人18』西郷南洲顕彰会）
『大久保利通伝』（勝田孫弥、同文館）
『丁丑擾乱記』（市来四郎、『鹿児島県史料　西南戦争１』）
『南洲翁遺聞』（竹之井敏、『大隅42』大隅史談会発行。『敬天愛人18』西郷南洲顕彰会）
『南洲翁を偲びて』（上田武博、『新城西郷１００年記念誌「西郷どんと新城」』垂水市観光協会）
『西南戦争の終始』（河野主一郎、『南洲手抄言志録解』）
『鹿児島一件書類』（『鹿児島県史料　西南戦争３』）

●第五章

『市来四郎日記』（『西南記伝中1』『鹿児島県史料　西南戦争1』）
「西郷小兵衛未亡人の直話筆記」（横山健堂、『大西郷兄弟』宮越太陽堂）
『西南戦争雑抄上』（アーネスト・サトウ、広瀬靖子訳、雑誌『日本歴史261』）
『西南戦争従軍記　空白の一日』（風間三郎、南方新社）
『西南戦争の終始』（河野主一郎、『南洲手抄言志録解』）
『明治十年丁丑公論』（福沢諭吉、『西郷隆盛全集6』）
『私学校綱領』（西郷隆盛、『西郷隆盛全集4』）
『熊本籠城日記』（品川弥二郎、『鹿児島県史料　西南戦争1』）
『熊本籠城談』（児玉源太郎、階上岑夫編、白土幸力）
『みゝずのたはこと』（徳冨蘆花、警醒社書店）
『西郷臨末記』（香春建一、尾鈴山書店）
『西南之役従軍記』（宇宿栄之丞、『鹿児島県史料　西南戦争3』）
『明治十年騒擾一件』（高野和人編纂、『明治十年騒擾一件：西南戦争：秘書』青潮社）
『明治十年戦争日記』（永友司、『宮崎県史通史編近・現代1』宮崎県）
『西郷隆盛を語る』（司馬遼太郎、尾崎秀樹ほか、大和書房）
大山誠之助談（『大西郷秘史』）
『巨眼南洲』（遠矢才二、薩南史跡顕彰会）
『死の蔭に』（徳冨蘆花、『徳冨蘆花集12』日本図書センター）
『鹿児島征討電報録』（国立公文書館蔵）

●第六章

比志島義輝（渡辺幾次郎、『明治天皇の聖徳　重臣』千倉書房）
『明治天皇』（ドナルド・キーン、角地幸男訳、『明治天皇上巻』新潮社）
「肥満度に過ぎたる大西郷」石黒忠悳（『大西郷秘史』）
土持政照と兎狩り（東郷中介、『南洲翁謫所逸話』川上考吉）

『英国外交官の見た幕末維新』(A・B・ミットフォード、長岡祥三訳、講談社学術文庫)
「宮廷の粛清」香川敬一(『南洲手抄言志録解』)
『聖訓一斑』(千葉胤明、『明治天皇聖徳奉頌講演集』東京市篇)
「月の夜光」下田歌子(同)
日野西資博談(『「明治天皇紀」談話記録集成 一』臨時帝室編修局史料、ゆまに書房)
『明治天皇聖徳録』(土方久元、実業之日本社)
副島種臣(渡辺幾次郎、『明治天皇の聖徳　総論』千倉書房)
『明治天皇』(坂本辰之助、至誠堂書店)
「野鶴亭日乗」(山口正定、『明治天皇の御杖』東山書院)
小倉文子「雪の日、雲の空」(『明治大帝』大日本雄弁会講談社)
高島鞆之助に下問(開花新聞、明治17年2月23日)

●**第七章**

『父、樺山資紀』(樺山愛輔、大空社)
『回想録』(高村光太郎、『高村光太郎全集10』筑摩書房)
『思ひ出づるまゝ』(『日本及日本人』明治43年9月24日号)
『氷川清話』(勝海舟、江藤淳・松浦玲編、講談社学術文庫)
『大西郷と銅像』(安藤照、『敬天愛人12』西郷南洲顕彰会)
岡崎雪声談話(明治31年12月18日、国民新聞)
河野辰三「南洲翁と博文約礼」(『敬天愛人2』西郷南洲顕彰会)
『戊辰物語』(東京日日新聞社会部編、岩波文庫)
『幕末維新懐古談』(高村光雲、岩波文庫)
『西遊雑記』(古川古松軒、『日本庶民生活史料集成2』三一書房)
『木彫七十年』(高村光雲、中央公論美術出版)

●**終章**

『邦訳日葡辞書』(土井忠生ほか編訳、岩波書店)

著者略歴――――
仁科邦男 にしな・くにお
1948年東京生まれ。70年、早稲田大学政治経済学部卒業後、毎日新聞社入社。下関支局、西部本社報道部、『サンデー毎日』編集部、社会部、生活家庭部、運動部、地方部などを経て2001年、出版担当出版局長。05年から11年まで毎日映画社社長を務める。名もない犬たちが日本人の生活とどのように関わり、その生態がどのように変化してきたか、文献史料をもとに研究を続ける。動物文学会会員。ヤマザキ学園大(動物看護学部)で「動物とジャーナリズム」を教える(非常勤講師)。著書に『九州動物紀行』(葦書房)、『犬の伊勢参り』(平凡社新書)、『犬たちの明治維新 ポチの誕生』『伊勢屋稲荷に犬の糞 江戸の町は犬だらけ』(いずれも草思社)がある。

西郷隆盛はなぜ
犬を連れているのか
西郷《せご》どん愛犬史

2017年 12月22日 第1刷発行

著　者 仁科邦男
デザイン あざみ野図案室
発行者 藤田　博
発行所 株式会社 草思社
〒160-0022 東京都新宿区新宿1-10-1
電話 営業 03(4580)7676 編集 03(4580)7680

印刷・製本 中央精版印刷株式会社

ISBN978-4-7942-2312-8 Printed in Japan 検印省略